思维的力量

财富是思维能力的产物

陈勇 ○ 著

中国商业出版社

图书在版编目（CIP）数据

思维的力量：财富是思维能力的产物 / 陈勇著. -- 北京：中国商业出版社，2021.11

ISBN 978-7-5208-1833-9

Ⅰ.①思… Ⅱ.①陈… Ⅲ.①思维科学—通俗读物 Ⅳ.①B804-49

中国版本图书馆CIP数据核字(2021)第209567号

责任编辑：包晓嫱 佟 彤

中国商业出版社出版发行

010-63180647 www.c-cbook.com

(100053 北京广安门内报国寺1号)

新华书店经销

香河县宏润印刷有限公司印刷

*

880毫米×1230毫米 32开 7.125印张 185千字

2021年11月第1版 2021年11月第1次印刷

定价：58.00元

* * * *

（如有印装质量问题可更换）

推荐序

读过陈勇老师的《思维的力量》，很自然想起了三十年前恩师带我同吃、同住的中学岁月。那时候，陈勇老师常常会出一些新颖独特、构思奇巧的智力题训练我，很好地锻炼了我的思维能力。此外，他还前瞻未来社会对人才的需求，而后根据我的智力和年龄，要求我务必报考高中并最终考取大学。后来，他又一再鼓励我考研读博。可以说，老师的鼓励和指引改变了我人生的轨迹。

即使到2018年，我开始创作长篇财经小说，陈勇老师仍然是我的强大后盾。从小说的构思到写作，他始终以其睿智和丰富的阅历，给我以莫大的鼓励和指导，并亲自用热情洋溢的语言为我撰写小说的序言，这使我一鼓作气完成了《资本迷局》《融资风云》《投行恩怨》三部长篇财经小说。而我，在读过老师的大作之后，也为老师书中闪耀着人生智慧和人性光芒的文字所深深折服，心中油然生出一种一定要为本书写点什么的强烈冲动。

陈勇老师说，人的性格是其思维的总和，而性格决定成败，凸显出思维极其重要。陈勇老师还说，财富其实就是一个人思维能力的变现；任何失败，也是其因思维能力不足而交的学费。老师创作此书的初心是将自己创业过程中的经验得失分享给大家，以探讨思维的方式、方法，进而提高成功的概率，这令我不由得肃然起敬。十几年前，老师还是一无资本、二无资源、三无市场的"三无"创业人员。而今，他已然是拥有沪、渝、苏三地多个实体公司的企业家。他之所以能够如此成功，除了靠自己的艰苦努力外，这与他拥有一套超乎常人的思维方式有莫大的关系。多年来，老师也依靠他自己这种独特的思维方式，闯过了创业过程中的一个又一个难关，战胜了一个又一个挑战，让公司取得了一个又一个成功！

现在，陈勇老师愿意与众人分享他独特的思维方法，而这又是一种多么博大的胸怀啊！

陈勇老师多才多艺，阅历丰富，桃李满天下，很多学生都得益于他的思维训练，从而成为政界、商界、学界精英。

陈勇老师说过，思维是一种很奇妙的东西，既拥有神奇的魅力，又充满力量。人的思维没有高低之分，但思维能力强的人常有奇思妙想，因而相比于一般人更容易成功。在《思维的力量》一书中，老师不仅独创性地从说话、财富、优势、开放、得失、取舍、逆向、复利、归零、超常、利他、仿生共12个方面对思维进行了深入浅出的解说，还运用了古今中外的大量鲜活案例进行分析，从而使本书更具说服力和可读性，既能启人智慧，又生动有趣。相信不管哪一类知识层次的读者读过此书后都会豁然开朗，深受启迪。

我与陈勇老师结缘几十年，一直保持亦师亦友的关系。这几十年里，我从他这里得到过太多的帮助、鼓励和启迪。现在，我又成为他智慧之书的首批读者，为此深感荣幸之至。在此，我愿意将此书推荐给那些希望通过改进自己的思维方式从而提高做事情成功的概率的朋友。希望恩师的智慧惠及更多的有缘人！

复旦大学经济学博士、长篇财经小说四部曲作者　王国进

2021年7月31日

目 录
CATALOGUE

第 1 章 话说思维：心灵深处的自我对话 / 1

什么是思维？思维是如何分类的？ / 2
人为什么要思维？思维的特征和目的指向性 / 4
什么是思维能力？如何提升思维能力？ / 10
六个有利于深度思考的"偏方" / 12

第 2 章 财富思维：谈一场与金钱的恋爱 / 17

一样都在思考，差别咋就那么大呢？ / 18
奇想：财富平均分给每一个人，结果会怎么样？ / 22
需求产生价值，赚钱的本质是价值交换 / 25
财商——为财富自由计划保驾护航 / 29
从穷人变成富人的五个财富思维 / 32

第 3 章 优势思维：木桶定律与"长板效应" / 37

长板思维的要点是打造核心竞争力 / 38
在某一个点上抢占先机、确保优势 / 41
动态优势思维：没有"永久牌"的优势 / 43

建立优势思维"比较坐标系" / 45

第 4 章 开放性思维：多视角看问题、全方位思考 / 47

未弄清真相之前，不急于下结论 / 48
独立思考，不人云亦云，不师云亦云 / 50
不闭关锁企，善以别的企业为镜 / 52
跨界，嫁接，多模式整合资源 / 54

第 5 章 得失思维：辩证思考得失造成的影响 / 57

弄清楚对与错及得与失的辩证关系 / 58
老板为什么必须要重视得失问题？ / 60
丢芝麻，捡西瓜，失小而得大 / 62
小眼前之小利益，大长远之大利益 / 64
精明老板挣小钱，聪明老板赚大钱 / 66

第 6 章 取舍思维：选择比努力更重要 / 69

顺风顺水的时候，切勿轻举妄动 / 70
面对各种诱惑，坚守创业初心 / 72
大企业可以灵活把控盈利机会 / 74
取舍平衡感及对于"度"的把握 / 76

第 7 章 逆向思维：离经不叛道的思考力 / 79

别人都做的事，我就不做，逆着来 / 80
"倒行逆施"——不按常规出牌 / 83
最糟糕的时候，往往是转机的开始 / 87
逆向思维是商业"蓝海"探测神器 / 90
商战谋略，逆向思维实操技巧 / 94

第 8 章　复利思维：威力胜过原子弹 / 101

荷花定律：池塘里诞生的思想力 / 102
复利效应：指数级增长的财富大雪球 / 105
用时间杠杆和利率支点撬动生活 / 108
复利思维是品牌未来巨大的红利 / 111
运用复利思维，把小生意做大 / 115

第 9 章　归零思维：唯物主义的思维策略 / 119

归零思维说起来简单，做起来难 / 120
许多经验并不宝贵，及时归零 / 123
成绩归零，从零开始打造新辉煌 / 126
管理情绪，负面情绪及时归零 / 129
戒律：受恩不能忘，施恩要归零 / 131
无意义、低质量的社交"断舍离" / 133

第 10 章　超常思维：老套路，难赚钱 / 139

书写财富神话，必须超常思维 / 140
超前思维要把握好时机 / 146
超常思维是怎样炼成的？ / 149
案例：超常思维模式下，如何卖米？ / 153
案例：如何用零成本撬动广告市场？ / 158

第 11 章　利他思维：回报后置的智慧 / 163

深度解析利他思维的"四个内核" / 165
稻盛和夫：利他思维的践行者 / 170
自利利他思维的致命弱点：导致严重低效 / 180

　　传统企业（行业）利他行为分析 / 183
　　利他不排斥利己，只是回报后置而已 / 186
　　利他思维：优秀商业模式的共性 / 188

第12章　仿生思维：打开另一扇窗户 / 193

　　仿生思维古已有之，仿生学才刚起步 / 194
　　边缘学科——企业管理仿生学 / 197
　　蜜蜂型思维与苍蝇型思维 / 201
　　雁阵效应：企业管理启示录 / 204
　　羊群效应：趋利避害，为我所用 / 208
　　懒蚂蚁效应："看上去很懒"而已 / 210
　　一山不容二虎，另立山头 / 214

第1章

话说思维：心灵深处的自我对话

柏拉图说："思维是灵魂的自我谈话。"人有两个"我"，一个是肉体"我"，一个是灵魂"我"。人的肉体是人的灵魂的载体，灵魂是肉体存在的价值。灵魂是看不见的另一个"我"——精神层面的"我"。按照柏拉图的说法，思维就是人在自己的心灵世界里，自我对话。这种说法虽然抽象，但却很有道理。思维像空气，看不见，摸不着，却真实存在。人离不开思维，空气维持人的肉体生命，思维维持人的精神生命。

什么是思维？思维是如何分类的？

思维是指人的大脑进行逻辑推导的属性和能力，指对于表象和概念进行分析、推理、判断、归纳、总结等理性认识活动的过程。对事物的感知是思维的基础，通过各种途径收集到的各种信息是思维的素材，大脑对这些素材经过一系列的推理、判断、分析、归纳、类比、想象……最后得出一种结论。要么探索事物的本质特征，要么发现事物之间相互联系的规律性，要么借助已经具备的知识和已有的经验对未来做出某种预测。

逻辑思维、形象思维、顿悟思维等是人们对思维形式的概括，这种总结归类过程本身也是逻辑思维过程。逻辑思维也称为抽象思维，形象思维也称为具象思维，顿悟思维也称为灵感思维。按照信息理论的观点，思维就像是一台机器，是对输入这台机器的各种信息的加工处理过程。

思维没有统一绝对的分类，如同世界上没有绝对的健康标准一样。作为理论研究，对于思维的分类必须讲求科学严谨，但事实上很难。在思维训练的过程中，很多类型的思维方式总是集结在一起，很难分开来进行训练。在思维的实际运用过程中，大致区分即可，严格区分的实际意义不大。

根据思维的不同形态，思维分为三种类型。

1. 动作思维：亦称直观动作思维，即思维与动作不可分，离开了动作就不能思维。

2. 形象思维：以直观形象和表象为支柱的思维过程。

3. 抽象思维：指用词进行判断、推理并得出结论的过程。

根据思维探索答案的方向，思维分为两种类型。

1. 集中思维：从已知的种种信息中产生一个结论，从现成的众多材料中寻找一个答案。

2. 发散思维：指大脑在思维时呈现的一种扩散状态的思维模式。

人为什么要思维？思维的特征和目的指向性

人的心理活动极其复杂，思维是心理活动之一。由于思维的非直观性和复杂性，到目前为止，科学尚未彻底揭示思维的本质及其内在规律。随着科学的不断发展进步，未来终有一天会研究清楚思维的生理机制及其规律性。

一、人为什么要思维？

人的心理活动又称为心理现象，不论哪种心理活动，都要经历发生、发展、完成这三个环节，称为心理过程。大脑神经系统对输入大脑的信息进行识别、编码、存储、提取、运算等，这个过程就是我们所说的心理活动。心理活动分为认知、情感、意志，这三者既相区别，又相联系。有人将内心活动的静态表现称为心理现象，动态表现称为心理活动。心理活动可分为意识心理活动和无意识心理活动，无意识心理活动又称为自动心理活动。通常，记忆、思维、情感和意志等高级心理活动都是有意识的。正常情况下，无意识心理活动觉察不到，也不能进行自觉调节和有效控制。有意识的心理活动是人与动物相区别的重要标志，是人的心理活动的主要组成部分。

思维是客观事物在人脑中概括、间接的反映，借助语言实现，属认知的高级阶段，是人类智力活动的核心。思维是人类区别于动物的基本界限。思维活动一般是和语言联系在一起的。思维过程的发展经过直觉行动思维、具体形象思维、抽象逻辑思维三个阶段。

思维是人的心理过程中最复杂的心理现象之一，是人脑对客观事物的本质属性及其内在规律的反映。事物的本质属性，指的是能决定事物的主要特征的、某一类事物共同的不可缺少的根本特性。事物的内在规律，主要是指事物之间的因果关系和必然联系。据科学研究所发现（或公认）的，无论是自然现象还是社会现象，以及几乎世界上一切事物的存在，都是"有序"的。这种有序性就是事物内在的规律性。思维就是人类专门去揭示事物的这种内在的本质属性和规律性的心理活动。这是思维与其他心理活动根本不同的地方。

二、思维的三大特征

思维反映事物的本质属性和规律，具有其明显的特征，这就是思维的间接性、思维的概括性以及思维必须要借助语言来实现其特性。

1. 思维的间接性

表现在思维必须要借助于一定的中间媒介物和相应的知识经验来达到对事物的本质属性和规律的了解与把握。如医生能通过病人的舌苔、体温、脉搏、血压、脸色等，便可了解病人身体内部脏器的活动状态。思维的间接性，使人的认知能力突破了时空的限制，从具体的一事一物的认知的局限性中摆脱出来，因此人类的认知能力远远超过动物的认知能力，即拥有智慧。人类既可掌握那些没有直接经历感知过的或根本不可能经历感知到的事物，又可预见和推知事物发展的过程和结果。例如，我们看不到光的运动，但通过思维却可把握其30万公里/秒的速度；再如可以了解上亿年前的自然环境等。

2. 思维的概括性

表现在思维对事物的本质的反映总是做全面的整体的反映。即思维总是把某个事物或某类事物所有共同的本质特征全部抽取出来加以综合地反映。思维的概括性不但表现在它反映事物所有本质属性以及反映某一类事物的共同本质特性，还表现在它反映事物之间的内在联系和规律上。一切科学的概念、定理、规律、法则，都是思维概括的结果，都是人脑对客观事物的概括的反映。

3.思维对客观事物的反映必须借助语言才能进行

语言是一种符号系统，由基本词汇、语法构造形成。每个民族都有自己的语言，因此语言是一种社会现象。人们应用语言进行思想交流的形式为言语。言语是个体对语言的一种具体应用，因此，言语是一种个体现象。个体的言语一般有三种形式：口头、书面、内部言语。人的思维就是通过内部言语的形式进行的。这种内部言语，一般认为是一种简约化了的无声的言语。思维的进行不可能凭空进行，必须借助一定的物质基础，这种物质基础就是无声的言语。因此，语言是进行思维的基础，也是思维的表现形式。思维的过程通过语言进行，思维的结果通过言语（口头或书面）表现出来。语言是思维的外衣，没有语言就没有思维。

三、思维的目的指向性

一般来说，当人需要完成某种任务而又没有现成的手段时，思维活动便被触发并沿着任务所指引的方向进行。换句话说，思维活动是由一定的问题引起的，并指向问题的解决。这种思维活动称作目的指向性思维。它受意识的控制，是人的主导性思维活动。另外，还有一种没有明确目的的思维活动，它很少受意识控制，带有自发的联想的性质，称作联想性思维。思维突出地表现在获得知识和应用知识去解决问题方面。

1. 上升性思维

以实践所提供的个别性经验为起点，把个别经验上升为普遍性的认识。个别性思维大多来自日常的生活体验，过于直接和个性化，因而不具有普遍的指导意义，其真实性有待实践检验，最终上升为普遍性认识。从有限的个别经验中发现共性，进而上升为普遍性经验，必须依靠比较、分析、抽象等思维方法。对某些现象的概括，对某些经验的理论提炼，都常运用上升性思维。

2. 求解性思维

围绕问题展开思维，依靠已有的知识去寻找与当前现状之间的中间环节，从而使问题获得解决。如小孩子解答数学题，先分析已知条件，再看看问题，最后再找由条件到问题之间的桥梁。这种思维始终是围绕问题展开的。上升性思维中，当普遍性与实践发生矛盾时，就会出现问题，这就导致理解问题、解决问题的求解性思维的产生。人们要能够提出问题。首先要有一定知识。一个问题的存在，就意味着在原有知识和当前现状之间，存在着一个很大的空白，从而使得原有知识和当前现状之间不能构成一条合乎逻辑的联系起来的知识链条。所以解决问题的关键，就在于寻找能使已有知识与当前现状之间联结起来的中间环节。求得中间环节的方法，一是以已有知识去同化当前现状，从而使问题得到解决；二是通过创造性活动去寻找这些中间环节，从而使问题可能获得解决。

3. 决断性思维

决断性思维又称为决策性思维。它是以预测未来效果为中心的思维活动，是面对某一事物的发展趋势而做出果断抉择的思维以规范未来的实验过程或预测其效果为中心的思维。遵循具体性、发展转化、综合平衡三条原则。

以上三种思维是相互渗透和密切联系的关系。这三种思维按照上升性思维—求解性思维—决断性思维的顺序构成一个完整的逐步深化的思维升级过程。

思维的力量
——财富是思维能力的产物

什么是思维能力？如何提升思维能力？

思维能力很难量化考评，无法精确比较。思维概念中，包括分析、判断、归纳、综合、概括、想象、比较、推理……思维能力自然就包括分析能力、判断能力、归纳能力、综合能力、概括能力、想象能力、比较能力、推理能力……显然，很难对思维能力进行精确测量和考评。不过，虽然无法精确测量考评，但是每个人的思维能力确实存在明显的个性差异。衡量一个人的思维能力大致可以从反应速度、思维结果的质量、正误占比、思维的实践效果等角度做定性化的评价。思维能力是智慧的核心，要想成为智者，就要提升思维能力。思维能力需要长期系统科学的训练，绝非一朝一夕的功夫。

思维能力提升训练是一个系统工程，需要依据年龄、文化程度、职业类别等制订专门的训练计划。不同类型的人，训练科目不同，侧重点也不一样。因为，思维能力与许多因素有关，如学识水平、社会阅历、工作经验、个性特征等。影响一个人思维能力的许多因素绝对不是通过短期训练就能有实质性效果的，比如知识水平、工作和生活经验等。有的影响因素是天生的固有特质，无法通过后天训练而改变，如人格特性、气质特征等。思维的方法技巧可以通过学习训练得到明显提高，这一点毫无疑问。

必须要指出的是，思维形式或技巧是人们在社会实践过程中总结归纳出来的并且形成一定共识的思维技巧，需要活学活用，不要刻舟求剑。另外，人的思维现象本身是极其复杂的心脑活动现象，对思维的研究至今仍然是起步阶段。思维技巧千千万万，举不胜举，上面罗列的一些思维技巧仅仅是举例说明而已，绝对不是全部。

思维的力量
——财富是思维能力的产物

六个有利于深度思考的"偏方"

思考如同潜水，潜得越深，看到的景色越美。如果潜得浅，甚至浮在水面，就不可能看到海底火山、深海鱼……感性的人的思维是浅层思维，常常按照个人喜好做直觉判断。理性的人思考问题善于深度思考，全面客观地分析问题。

一、设置"离现"时间，打造"离现"环境

根据个人的实际情况，如年龄、职业、工作性质、喜好、习惯等，制定自己的"离现"时间。"离现"即离开现实，进入沉思冥想状态。"离现"的时长、频度等依据个人情况确定，以实际需要为依据，以效果最佳为标准。"离现"不仅有利于深度思考，还有利于身心健康。"离现"后神宁体闲，内心纯静，类比于气功的入静、心理的催眠。冥想状态能激发人的潜能，触发潜意识，极其有利于深度思考。

日本作家村上春树给自己制订了一个写作计划，要求自己每天写10页，每页400字。除非有万不得已的原因，一般情况下，他都会雷打不动地完成每天的写作任务。他的写作时间就是他的"离现"时间。

当年，路遥写《平凡的世界》采取的办法更为极端，彻底进入"离现"状态。他搬到偏僻的陈家山煤矿，无人搅扰，每天伏案写作，一个人在深山老林里度过了很长一段时间。直到完成《平凡的世界》第一部53章20多万字后，才出山。

比尔·盖茨有一个习惯，每年都有一个"思考周"。"思考周"里，他离开工作，带上一堆白纸和书，隐居到一间小屋里，进行深度思考，不受干扰地专注于思考大问题，思考、探索、规划微软的未来。他说："在为期6天的思考周期间，我所做的只有阅读、睡觉和吃饭。"1995年5月26日，他的讲话《互联网浪潮》就是在"思考周"写成的，这个讲话意义重大，影响深远。

二、自己问自己，自问自答，一直问下去

针对一个问题，自己给自己提问。按照"是什么、为什么、怎么办"的简单逻辑，像剥洋葱一样，一层一层从外往里剥，从现象深挖到本质，从外延深挖到内涵，一点点剖析，直至问题的核心。

思维的力量
——财富是思维能力的产物

举例1

第一问:"工作不顺利表现在什么地方?"→"和领导的交流没做好。"

第二问:"和领导的交流指的是什么?"→"没有弄明白上司的指示,多次被指正。"

第三问:"为什么会理解不了领导的意图?"→"自己总是在一知半解的状态下就开始盲干,即使有疑问也从没有向领导求证。"

第四问:"为什么有疑问也不确认?"→"因为面子,因为怕被领导看成无能。"

…………

举例2

有许多人觉得自己也读了很多书,可时间一长,连书名都不记得了,内容也忘得差不多了,更谈不上学以致用了。所以,总觉得读书无用,白白浪费时间。针对这个问题,你可以问自己:"为什么我读书没有收获?"一步步问下去,就能找到问题的症结,也真正明白以后该怎样读书了。

三、多角度观察，多层次思考，多维度分析

四个盲人遇到一头大象，都想知道大象长什么样子。摸到大象身体的说大象就像是一堵墙，摸到大象腿的说大象就像是一棵树，摸到大象鼻子的说大象就像是一根水管，摸到大象牙的说大象就像是一根棍子。一知半解就下结论，以偏概全，想当然，必然出错犯错。只有多角度观察、多层次思考、多维度分析，才能得出正确结论。

四、戒粗线条想问题，细节决定思考的成败

思考问题，想得越细越好。尽可能多地了解关联物，一个也不放过。将问题无限分解细化，直接分开来观察，再组合起来分析。忽视任何一个细节，都有可能导致错误。比如，组织一次公司的产品讨论会。将公司所有部门和领导全部列出来，逐人思考，经理要不要参加？如果参加，就备注通知经理参会的告知事项。销售部与讨论会是什么关系？需要提供相关销售数据……抓住参会者与会议主题的关系来筹备会议。还要考虑参会者晚上住哪里，怎么到会，会议材料怎么准备，什么时间发会议通知，由谁负责？按空间顺序想问题，按时间顺序想问题，不放过任何一个细节，就不会发生错漏。

五、不要光在脑子里打转，铺开纸，动动笔

毫无疑问，动动笔绝对有助于深度思考。脑子一边想，纸

上一边写,手脑并用,记下一闪念的好思路,留住灵光一闪的感悟……假如围绕问题写一篇文章,当然更加有助于深度思考了。写作的过程也是深度思考的过程,边想边写,杂乱无章的思维逐渐变得条理化和系统化。假如给自己的文章提出更高的质量要求,那么就更好了。

六、快思考是方便面,虽然快捷,但缺营养

思考可分两种:一是快思考,一种慢思考。快思考依赖直觉,是无意识的思考。慢思考需要主动控制,是有意识的思考。人的大脑都很懒,总是喜欢优先思考那些"阻力"更小的事情。比方说,下班了,首先想到的是"吃什么",而不会琢磨晚上"学什么"。"吃什么"是快思考,"学什么"需要慢思考。要让自己的脑子勤快起来,在快思考的同时,加大慢思考的数量。深度思考要靠慢思考,快思考就是思维的方便面。

第 2 章

财富思维：谈一场与金钱的恋爱

提到"财富"二字，千万不要只想到钱，只想到物质财富。物质、金钱的确是财富，但那仅仅是对财富的狭义认知。广义上讲，财富除了物质财富，还有精神财富。人之所以是人，区别于其他动物，是因为除了物质生活，还必须要有精神生活。物质生活很富足，而精神生活贫瘠苍白，绝不会有幸福感。虽然本书只讲物质财富，不谈其他，但对于财富的内涵，一定得理解透彻，不要仅仅认为就是赚钱。

什么是财富？它与社会价值观及个人价值观有关。公认为值钱的东西，或者自认为值钱的东西，都可以是财富。比如，年轻是不是财富？生活经验是不是财富？中华民族几千年的文化是不是财富？同时，富足感也与人的心态有关。正如《道德经》云：知足者富。一个人如果不知足，就会始终觉得自己还不够富有。爱钱无罪，追求物质财富没有错，但不能眼里只有钱。除了钱，还有许多宝贵的东西。

一样都在思考,差别咋就那么大呢?

2003年,阿根廷股票大涨97%,手持阿根廷股票的投资人狂赚一笔。但这一次"乘船出海"的人很少,原因是2001年、2002年阿根廷比索暴跌,绝大多数人都清仓出逃了,因而丧失了大赚一笔改变个人财富命运的历史良机。2001年,阿根廷政局动荡,外汇市场震荡,阿根廷比索暴跌。2002年,阿根廷经济负增长10.9%。绝大多数投资者看完阿根廷经济,思考后作出的选择就是清仓远离。但面对完全相同的局面,有人思考分析后认为,阿根廷经济将很快迎来恢复期。他们不但不减仓,还反其道而行之,当众人纷纷清仓逃离的时候,他们却满仓待收。果不其然,2003年,阿根廷经济增长7%,牛市回归,这些人赚得盆满钵满。同样的阿根廷股市,有人大赚,而绝大多数人却在机遇面前退却了,原因何在?其实,差别就出在思考能力上。思考能力强的人,分析结果是对的;思考能力弱的人,判断结果是错的。一对一错之下，财富获利值相差百倍千倍。

正确地思考，才能思考得正确。

正确思考的三个关键环节。

一是思考所依据的信息必须全面、客观、真实。

巧妇难为无米之炊，思考者不能凭空判断。思考前，必先收集相关信息。所收集信息越全面越好，力求客观、真实、有效。通过各种渠道汇集起来的原始信息是思考问题的根本依据，要对这些原始信息进行处理，去伪存真。经过多次筛选之后，留下最真实的信息。假如思考所依据的信息本身就是错的，那么，思考从一开始就走在邪路上，最终得出的结论不可能正确。收集相关的资料信息这一步十分重要，绝对不能忽视。

二是在分析判断的过程中，所依据的相关知识、常识、经验、理论、定理、公理、定律必须正确。

资料收集并处理完毕，接下来就要对这些资料信息进行归纳、分析、推理、判断。这一过程就是抽象思维的过程，要透过表象看实质，发现其中的规律。分析判断过程中依据的是思考者所具备的相关知识、常识、经验，运用相关理论、定理、公理、定律等，对资料信息进行分析、归类、定性，最终得出结论。这一思考过程的关键是分析判断所运用的知识、常识、经验、理论、定理、公理、定律等必须正确。

三是选择恰当的思维形式、方式。

美国电影《教父》中有一句经典名言:"花一秒钟看清事物本质的人与花了一辈子还没有看清事物本质的人,命运自然是不一样的。"人与人思考能力不同的根本原因在于思考问题的方式方法上。思考问题的方式方法十分重要,同样的一个问题,思考方式不同,得出的结论也会不同。提升思考问题的能力,最重要的就是学习和训练各种不同的思考问题的方式方法,针对不同的问题,选择最恰当的方式去思考。思考问题的方式方法有很多很多,甚至可以说多到不胜枚举。下面,列举几种思考方法来说明其重要性。

元问题思考法:提到电动车,一般想到的是小型的、经济的、家用车……而马斯克用超级跑车定义了电动车。电动汽车——"汽车"是中心词,"电动"是限定词。如果关注焦点在"电动"上,想到的是清洁、节能、环保……思维就会被"电动"所限制。其实,电动汽车的"元问题"是汽车。发明汽车的目的是跑得快,而不是为了省油,就明白为什么特斯拉要做超级电动跑车了。跟着别人做,只能做一些细节迭代。如果把电动车做成超级跑车,就颠覆了行业定义,一开始就是行业领头羊。

目标思考法:目标思考法就是以目标为导引思考问题,比如依据大中小各种目标进行个人或企业的时间管理,思考工作或生活问题。五年计划、年度计划、季度计划、月计划、周计划,乃至细化到每天的计划。以目标为导引，思维就会清晰有致，行动就会井然有序。不论是生活，还是工作，假如没有明确的目标，人就如同进入了迷宫，不知道该往哪里走，东走西撞，走着走着发现没有出口，只能往回走，不仅浪费了很多时间，而且没有找到出口。以明确的目标为导向思考问题，会提前规划好最佳路线，就不会走错路、绕远路。

逆向思考法：珠宝店新上一款珠宝，期待大卖却发现卖不出去。一般思维就是降价，打出"挥泪大甩卖""跳楼价"之类的广告进行促销。但老板逆向思维，不但不降价，还提高了售价，并且推出限购要求。活动开始后，柜台前排起了长队。打破思维定式，逆向思维常常会有意想不到的效果。

框架思考法：先简化问题，再深入思考。第一步，拆解复杂问题，将复杂问题拆分成一个个简单的小问题。第二步，针对拆分后的小问题，确立思考框架，即确定采用什么方法解决这些小问题。第三步，不纠结于细节，站在宏观视角，把握事物全貌。第四步，复杂的大问题总是由许多小问题所组成，最重要的问题往往只是其中几个。深入思考重点问题，不在次要问题上纠缠，这是提高思考效率的重要方法。

思维的力量
——财富是思维能力的产物

奇想：财富平均分给每一个人，结果会怎么样？

将世界上所有的财富平均分给每一个人，结果会怎样？这是一个很有意思的猜想。平均分配意味着所有人都拥有完全一样的财富，没有贫富差距，没有所谓的富人，也没有所谓的穷人，所有人都过着完全相同的生活。可见，所谓穷人、富人是相对概念，相比之下，财产多者叫富人，少者是穷人。人们都处在完全一样的起始点上，之后会发生什么呢？

人们的观念、能力、财商等不同，有的人会动脑筋赚更多的钱；有的人则只会坐吃山空，没有能力赚钱，或者没有赚钱的意识；而有的人会根据人们的需求制造商品，把别人手里的钱慢慢赚到自己手里，用赚到的钱继续扩大再生产，继续赚更多的钱。久而久之，又回到有穷人、富人的状态了，起初平分的财富慢慢又集中到少数人手里了。平均贫富的社会是理想社会，真实的社会一定会存在贫富差距。

在完全相同的社会背景下，为什么有的人成了富人，有的人依然是穷人？最主要的原因是观念不一样，想法不同，人生目标也就不一样，行为导向就不同。有的人追求的是平平淡淡，能吃饱穿暖就可以了，就心满意足了，没有更高的目标。有的人对人生的看法完全不一样，认为人生几十年，要付出最大的努力实现更大的价值。当然，目标的设定因人而异，不一定都把目标设定为成为有钱人。有的人的人生目标是当官，有的人则是成名，有的人则是赚大钱。当然，纵观历史数千年，当官、成名、发财三者之间有着密不可分的联系。有的人认为，人生一世，"吃穿"二字，他们活着的追求就是为了吃穿。有的人则认为吃饱穿暖之后要追求更高层次的目标，实现更大的人生价值。

人生目标的设定极其重要，许多人其实没有十分明确的目标，过着浮萍人生，漂到哪里算哪里。这类人一生不可能干出什么大事，命运主宰着他们的生命，随波逐流。凡是成就一番大事业者，有一个共同的特点，就是目标远大且十分明确。他们生活的全部意义就是为了实现个人设定的目标而艰苦奋斗，持续奋斗，直至实现目标。有没有大志向，决定一个人的人生质量。比方说财富观，毫无疑问，所有人都希望成为富人，没有人不喜欢金钱，区别在于有没有明确的财富计划，能不能集中全部的力量

思维的力量
——财富是思维能力的产物

去追求财富。有明确的目标是第一步,还要有切实可行的计划,还需要有强大的把计划落实在行动中的坚韧的执行力。看看那些创业者,很多是在一无所有的情况下通过艰苦拼搏得来的卓越成就?与别人相比,他们没有更多的资源,区别于常人的是他们有明确的奋斗目标和坚韧不拔的拼搏意志。十年、二十年后,他们成功了。而众人依然在原地徘徊着,感叹着,怨天尤人着。别傻等命运垂青,别怨天尤人了,时不我待,抓紧制订个人财富计划,明天就出发,百折不回。

需求产生价值，赚钱的本质是价值交换

想赚钱，就寻找市场需求。假如没有需求，就想办法创造需求。产品被需求，其才有存在的价值。需求性越强，价值就越高，定价就越有主动权，利润空间就越大。以市场需求为导向研发和生产产品，是企业图生存、谋发展的唯一途径。需求产生价值，再珍贵的东西，一旦不被需要，也就毫无价值。

对于实现财富自由的人来说还缺钱吗？肯定不缺钱。没有需求，钱在他们看来也就没有什么价值，也就不会感兴趣。想想看，是不是这个道理？

世界上第一台自动书法机是怎么诞生的？完全是以市场需求为导向，先有市场需求，而后研发成功的，一经上市就取得很好的销售业绩。日本的礼品市场很庞大，每年销售额几千亿日元。

据说每年每人要送出去几十份礼品。送礼品的时候,都要写祝福词。写祝福词就成了百货公司的一大难题:一是店员代写量太大,每天都要写几百份,实在顾不过来;二是字写得好的人少,太难看也不行,许多商店只好请人代写,但代写酬金并不便宜。有个有心人看到这是一个商机,潜心研究发明了世界上第一台书法机。

抓住顾客需求,才能赚到钱。只有充分了解客户需求特性,才能有针对性地制定产品价格、销售网络、服务体系等策略。企业要想在激烈的市场竞争中取得优势,就必须使自己的产品具有竞争力,把握顾客需求才能具有竞争力,才能赢得市场。

许多企业由兴盛走向衰落,其中一个重要原因就是没有把握好顾客需求,没有紧盯市场需求调整竞争策略,渐渐被市场淘汰掉。如今的市场虽然很大,但能人也很多,人们都紧盯市场需求,各个角落都有人关注。生意场各领域各行业都被人折腾得底朝天,要想找到一个新的市场需求很难,比大海捞针还难。

新的市场需求总是有的,而且永远都会有。缺的不是消费者的新需求,而是能敏锐发现和感知新需求的商业眼睛。即便是那些已经很成熟的市场需求,只要深化研究、细化分析,在需求的边缘地带或者需求的缝隙之间,总能发现不被常人注意的一些新需求。新的需求就是新的商机。任何市场都不会是铁板一块,不可能天衣无缝，聪明的、有智慧的商家总可以在不被别人注意的缝隙中发现商机。小小市场缝隙往往是一片广阔的新天地，谁先循迹而入，先于人而得，谁就会成为赢家。

商机并不难找，只要能抓住消费者的需求。大千世界，形形色色的需求无时不有，无处不在，生财机会很多，关键看有没有观察市场、分析市场的能力。如果肯动脑筋，多一点开拓市场的钻劲，多关心零散信息，就会发现很多商机。欧元的流通让温州人大赚了一笔，听起来有些荒唐，然而事实确实如此。原来欧洲各国使用的货币的票面比欧元短，加长的欧元放不进欧洲人的钱夹子。所以欧元流通之日就是欧洲人更换钱夹子之时，这就带来了挣钱的机会，要不怎么说温州人精明呢？从看似与自己毫不相干的事情中抓住了商机，通过钱夹子的生意，让欧洲人的钱进入了温州人的钱夹子。

抢占到了市场需求之后，有没有实力生产出满意的产品，这一点也极其关键。尤其是当许多人都在为同一个市场需求而努力的时候，研发和生产产品实力最强者才能胜出。商品生产能力十分重要，必须要有核心竞争力。面对消费市场，企业出卖的是被消费者所需要的各类产品；面对职场，求职者出卖的是被公司所需要的各种能力。不论是企业赚钱，还是个人赚钱，赚钱的本质都是一样的，那就是价值交换。看透本质，不要指望天上掉馅

思维的力量
——财富是思维能力的产物

饼,不要图谋空手套白狼。技巧是必需的,但赚钱最关键的环节是打造自己的核心竞争力。没有真功夫,指望花里胡哨的花架子,梦想真就是大梦而已,不可能实现。

财商——为财富自由计划保驾护航

什么是财富自由?所谓财富自由,就是有足够多的时间和足够多的钱做你想做的事情。在"基本"的生活需求得到"持续"保障的前提下,有足够的资本可以"自由"投入该做的事情。

人的收入大概可以分为两类:一是主动收入,二是被动收入。主动收入就是你干活就有收入,不干活则没有收入,比如打工工资收入等。被动收入指不干活照样有收入,如房租收入等。当被动收入大于支出时,便容易实现财富自由。

财富自由是所有人的人生梦想。要想实现财富自由,就需要提升你的财商。所谓财商,就是创造财富、驾驭财富、管理财富的能力。财商的全部价值就是为财富自由保驾护航。衡量一个人财商的高低,有四个能力指标,这四个指标也是提升财商的四个

基本点。

一是市场营销能力

营销与销售的含义是有区别的，销售指卖产品，而这里所说的营销所销售的不仅仅指有形的产品，也可以是无形的东西。营销能力是量度一个人财商高低的第一个关键性指标，要想提升财商水平，就必须提高个人营销能力。梵高和毕加索都是大画家，毕加索善于营销，生前就已经是亿万富翁。而梵高不善于营销，一生穷困潦倒，身后留下很多债务。

二是财务管理能力

衡量财商的第二个指标是财务管理能力。财商高的人必须要懂财务，要能看得懂什么是资产负债表，什么是现金流量，什么是净资产，看得懂收支表。总之，要学习财务知识，学习金融知识，学会计学和统计学，具备比较专业的财务管理水平。

三是金融投资能力

了解钱生钱的门道，学习钱生钱的知识，积累钱生钱的实践经验。要想实现财富自由的人生梦想，必须精通投资学，善于用钱生钱。

四是懂法用法能力

不懂法律的人财商不可能高，创业也好，投资也好，遵法守法始终是第一原则。追求利润的同时，一定要保证法律的安全性，坚决不做违法乱纪的事。

智商衡量一个人学习知识的能力，情商衡量一个人控制情绪的能力，财商衡量一个人控制和管理金钱的能力。财商高低与智力水平没有必然联系，有的人智商很高，是学霸，是硕士，是博士，是学者专家，但财商一般。反之，有的富商文化水平不高甚至很低，但财商很高，有着极其敏锐的商业嗅觉，从而更容易实现自己的财富自由。

从穷人变成富人的五个财富思维

先讲一个真实的故事:

55岁的葛伦是一位亿万富翁。他为了证明"人想富,靠思路"的道理,决定真实地挑战一下"100美元起步,90天里,创办一家估值百万的公司",做给那些怨天尤人的年轻人看看。首先,必须记住他的年龄,他已经55岁了!其次,还必须说明一点,他不依靠任何现有资源,在完全陌生的环境从零起步。最后,他所有的创业资本除了100美元,就是一辆十分破旧的皮卡车。

他开着破旧不堪的皮卡车,带着没有任何熟人电话号码的手机和100美元,只身来到从未踏足过的地方——宾夕法尼亚州只有30平方公里的小城镇伊利。在-13℃的寒冷冬天,身上只有100美元,第一件事做

第2章 财富思维：谈一场与金钱的恋爱

什么呢？吃住是首先要考虑的急迫问题，他得了解这里的消费水平，估算90天里需要多少生活费。经了解估算，每月生活费1100美元，3个月需要3300美元。葛伦制订了第一周计划——赚够3个月生活费。

为了省钱，他住在车里，只吃泡面。找工作不顺利，他决定去废品回收站，希望能捡到一些东西来卖。一连两天，没捡到能卖钱的东西。这时，他的100美元只剩下37美元了。他必须得找份工作，他去做玩具推销员，最后也没有成功。眼看兜里的钱消耗殆尽，他不得不去做志愿者，获得免费食物填饱肚子。工作不好找，无奈之下，葛伦只能去做家政工作，擦桌子、拖地、洗马桶……酬劳虽低，但还算稳定。一天下来，能赚80美元。正是这些别人眼中又脏又累的活，帮助葛伦度过了一无所有的艰难日子。

解决温饱之后，他开始琢磨倒卖物品。圣派翠克节快要到了，葛伦买了一些打折的节日用品，拿到市中心去卖。6美分的装饰品，他卖到5美元，赚了近百倍。他打工赚来的160美元一下子变成了414美元。偶然间在网上看到有人出不错的价格回收军用轮胎，葛伦就去垃圾场等处寻找轮胎。他终于找到两个，以1500美元的价格卖掉了。他又开始倒卖二手车和二手房，赚到了8万美元。他把这宝贵的打工赚来的省吃俭用积攒下来

的 8 万美元当作创业资金,开始思考创业的事。做什么项目呢?调查发现,这里的消费品酒类占比较高,他决定开一家精酿啤酒公司。一个人不行,得招聘员工。没有钱发工资,怎么办?他就坦诚地告诉应聘者"头两个月是筹备工作,没有薪酬","我希望找到有梦想的人,当我们回顾起来的时候会觉得当初做的事真好玩"。还别说,真有人看中了他的自信。正当他们兴致勃勃筹划未来的时候,律师浇来一盆冷水:"啤酒酿造的营业执照最快也要 90 天才能办妥。"可葛伦给自己定的是 90 天时间。该计划不得不放弃,他决定开一家烧烤店,取名"underdog"(无名小卒)。不仅卖烧烤,还卖啤酒和衣服等周边物品。令他激动的是特色烧烤十分受欢迎,开业当天,店外就排起了长龙。不久,葛伦还获得了当地"最佳肋排奖"。90 天时间期限很快就到了,经专业团队评估,他的烧烤店估值 75 万美元。虽然没有达到 100 万美元的原定目标,但他却用真实的经历告诉人们一个道理,那就是"要想致富,全靠思路"。

穷人与富人,最大差距就在于思维。从上面的故事中,我们提炼出从穷人变成富人的五种财富思维。

思维 1:强烈的赚钱意识

或许会有人说,谁不想赚钱?是的,所有人都想赚钱,但并不是所有人都有强烈的赚钱意识。即便有的人有强烈的赚钱意识，但始终停留在虚幻的设想中，落实不到实实在在的行动上。许多人的心态是望钱兴叹，要么就是感觉自己没有本事赚钱，要么就是怨这怨那，在怨天尤人中消磨着时光。有钱人往往都有强烈的赚钱意识，这种意识渗透到了他们的骨子和血液里。富人把赚钱当作事业来做，当作兴趣爱好，当作人生目标、追求和理想，时时处处事事动着赚钱的脑筋。穷人赚钱的目的和动机就是为了生存，为了让生活变得好一点，仅此而已。信念差别很大，动力也就不同。上面故事中的葛伦从一开始就有强烈的赚钱意识，可以说，他的整个脑子里都是如何赚钱的念头。

思维 2：既开源，也节流

富人虽然很有钱，但大都有省吃俭用的习惯和意识。创业时省吃俭用，有钱之后固然不会放弃享受，但也不会无缘无故地浪费钱财，节省是渗透到他们骨子里的习惯。在富人思维中，创造财富、让财富发挥最大价值比拼命省钱、拼命存钱、拼命花钱更重要。穷人赚钱的目的就是花费，赚点小钱就开始筹划如何花。积累财富，开源和节流哪个都不能少。不开源，来钱渠道就少，赚钱速度就慢。不节流，即便赚了一点钱，钱也会像沙子一般从伸开的手掌中漏掉。尤其是财富积累初期，必须开源，必须节流。上面故事中的葛伦不但千方百计想办法赚钱，而且为了节省

一点点钱，宁愿住在车里吃泡面。

思维3：善于捕捉大势，对商机有敏锐的嗅觉

机会是均等的，但机会偏向嗅觉灵敏的人。富人之所以能成为富人，就是因为他们能判断大势。这个大势指方方面面，市场大势，政策大势，行业发展趋势等。他们善于做分析判断，善于从中嗅到商机。他们能从一则不起眼的新闻中抓住商机，能从别人的闲聊中抓住赚钱的机遇。上面故事中的葛伦从倒卖节日物品到卖军用轮胎，再到决定开啤酒厂，一直在搜寻着商机。

思维4：有钱不置半年闲

投资思维是富人与穷人的最大区别。有钱不置半年闲，有钱人恨不得让自己每一分钱都去赚钱，富人手头不会放闲钱，都会去做投资。上面故事中的葛伦靠打工赚到8万美元之后，就开始思考如何投资。就开了烧烤店，开始用钱赚钱。

思维5：懂得营销的重要性，善于营销

不懂营销，不会营销，就无法赚钱。钱的入口只有一个，那就是营销。那些赚了大钱的富人，哪一个是不会营销的人？不论是营销产品，还是营销自己，要想赚钱，必须要特别善于营销。东西卖不出去，钱怎么进来？钱进不来，怎么能成为富人？

第 3 章

优势思维：木桶定律与"长板效应"

创业能不能成功，有没有短板并不重要，短板短到什么程度也不重要，重要的是有没有长板，长板长到什么程度。假如所具有的长板足够长，长到别人难以企及，那么必然具有强大的市场竞争力。你长了别人就相对短，竞争就有胜算。长板可以是能力，也可以是某一资源，或者是独特的产品，或者是优质的售后服务等。总之，只要是明显的长板，就一定是别人不可超越的竞争力。优势思维就是要洞悉这一原理，清楚知道自己的长板是什么，精心维护和不断提升优势，使自己的长板常长。

优势思维是赢的思维，企业的经营思维，产品的营销思维。自己的哪方面优势突出，与众不同。其他方面都差不多，半斤八两，但只要在某一方面具有明显优势，竞争对手不可企及，就已经有足够赢的条件了。

有人认为，要想成功，机遇是关键。机遇固然重要，但机遇的价值是一次性的，核心竞争力才是最重要的东西。核心竞争力即竞争优势，有没有核心竞争力是成败的根本因素。机遇抓住以后，能不能发展关键在于硬实力，硬实力就是核心竞争力。没有绝对竞争力，有相对竞争优势也不错。老板要像保护自己的眼睛一样维护着企业的核心竞争力。

长板思维的要点是打造核心竞争力

木桶定律：一只木桶能盛多少水，不是取决于最长的那块木板，而是取决于最短的那块木板，这个管理学原理也称为短板效应。既知道什么是短板效应，也要想到长板效应。木桶为什么一定要去盛水呢，假如木桶用来装其他一些非液体的东西，能装多少与短板无关，关键在于长板有多长。当企业总体实力还不够强的时候，突出自己的绝对优势或相对优势，在某一方面或几个方面先站稳脚跟。先利用长板立足之后，再寻机会补短板。

做企业忌讳面面俱到，试图齐头并进。有的老板愚信所谓的"细节决定成败"，眼里看到的全是芝麻，看不到西瓜。平均主义思维，试图把所有的短板都补起来。所谓的长板、短板是相比较而言的，没有绝对的长，也没有绝对的短。企业内部比较，有长有短；与同行比较，孰长孰短。企业在求生存谋发展阶段，一定要与同行比，突出自己的长项。田忌赛马为什么最终赢了？因为孙膑善于长板思维。

长板思维的要点是打造核心竞争力。核心竞争力就是身怀绝技，有绝招鲜招。样样会不如一招鲜，一招鲜，吃遍天。别人都不会而你会，别人都会而你更强。不论个人参与职场竞争，还是企业参与市场竞争，能否取胜，与短板无关，而取决于长板。不论个人、团队、组织、企业……没有长板优势，就没有核心竞争力，生存能力就不强。

巴菲特说："若干年后，你会开发出自己的'过滤器'，明白自己的'能力圈'，你就待在那个圈子里，不去想圈子外的事，明确知道你在哪里才有优势，这一点非常重要。"每个人、每个企业都有各自的劣势与优势，就待在自己的优势圈子里面。真正的高手不会追求多多益善，而是聚焦自己能力圈的高价值领域，持续做更少更好的事。绝对不会贪念于自己的短板领域，而是专注于长板领域，把优势发挥到极致，打造强有力的核心竞争力，建立起别人难以逾越的"屏障"。

智者不会把精力浪费在"补短"上，而是专注于"扬长"。松下幸之助说，"成功的诀窍在于经营长处"。不要哀叹于有没有长处，长处需要经营。心理学家认为，人所发挥出来的能力只有4%。那么，96%的能力是等待挖掘的"金矿"。

思维的力量
——财富是思维能力的产物

不论个人还是企业,都要问这样的问题:优势在哪里?核心竞争力是什么?人的精力和时间是有限的,好钢用在刀刃上,宝贵的时间精力投注到"长板"上,精心打造立足于江湖的核心竞争力,专注于一隅,做到极致。

在某一个点上抢占先机、确保优势

核心竞争力的关注对象是自己,打造自己的核心竞争力。在某一个点上确保优势,关注点在于细分市场。众所周知,苹果靠的是产品优势,华为靠的是技术优势,格力靠的是性价比优势,康师傅靠的不但是独特的口味,还有靠铺满中国大地大街小巷的巨大的营销网络优势。这是它们各自的核心竞争力。凡是成功的企业,毫无疑问都有独属于自己的某一点长项。

技术优势、网络优势、客户优势、产品质量优势、价格优势、服务优势……总之,要想取得市场优势,必须要在某一个点上具有明显特长和优点。比如,都是线上网购平台,但各有各的侧重优势。"拼多多"专注于价格优势,京东精心打造自己的物流平台……这就是优势思维,或者叫差异化思维。

当别人的长项难以逾越时,那么我就采取田忌赛马的优势思

维，拿我的长项去比你的中项，拿我的中项去比你的短项。面对行业众强，如何寻求生存之路？就要把关注点放到研究细分市场上。市场不断成熟，需求本就多元，不必悲叹自己没有优势，或者面对激烈的竞争优势越来越式微，只要善于思考，总会在细分市场中找到属于自己的优势点，在这个点上下功夫精耕细作，就会找到属于自己的天地。

"知己知彼，百战不殆。"知道自己的长项与短项，也了解对方的长项与短项，同时了解市场的需求详情，就可以制定突围之策。参与市场竞争，假如没有谋略，不可能在商战中取胜，单凭运气和勤勤恳恳是不行的。市场竞争的目的不一定非要击败对手，但当你不论在哪一个点上都赢不了对手的时候，那么生存肯定会出现问题。人可以是有情有义的，但市场是绝对无情的，不会讲任何情面，市场只青睐强者。

什么是"点"？如何找"点"？"点"就是细分市场中的空白点，是尚未被商家发现的消费者需求点，也就是"红海"中的"蓝海"。需瞄准消费者的个性心理，发现消费者的不同需求，在商品花色、式样、品种等方面做文章，在提供个性化服务上动脑筋。不是依据自己的核心竞争力去找"点"，而是研究市场，寻找"红海"中的"蓝海"。找"点"的基本思路不是"我能做什么"，而是"什么能做"。有的"点"进入门槛较高或很高，需要有核心竞争力才行。有的"点"进入门槛不高甚至很低，"点"的价值仅仅在于先机。

动态优势思维：没有"永久牌"的优势

世界是时间的函数，静态优势思维又称静止优势思维，是对某一固定时间的优势状态进行的思维。而动态优势思维则是对不同时间值的优势状态进行的思维。静态优势思维关注某一特定时间段个人或企业的优势状态，是在经营实践中常用的方法，便于分析判断当前的竞争态势。而动态优势思维则着眼于整个过程，更具战略性的思维。

董明珠善于运用动态优势思维，她不是停留在眼前的优势状态，而是不断发展进化自己企业的优势项目，使竞争优势始终处于动态之中，有效预防被超越，打造持久的竞争力。最初，专心打造"格力空调"优势，当许多企业跟上来的时候，又在产品质量和性价比上下功夫，后来打造节能优势，再后来又在人性关怀

上一马当先。

虽然静态优势思维有着重要的现实意义和适用性,但是其局限性也很明显。静态优势思维将本来处于不断演变着的客观市场静止化,将丰富多彩的现实单纯化、简单化,这样的思维对于分析优势状态虽然很有用处,但未免简单刻板,不利于深入全面地把控竞争优势。

无论个人还是企业,都不可能存在"永久牌"的竞争优势,眼前的优势或许在不久的将来就不成为优势。只有动态的优势思维,才能确保永续的竞争力。优势项目需要不断强化提升,优势点需要视情转换,以适应不断发展变化的客观形势。因为万事万物都处于一刻不停的变化中,所以优势思维也需要适时调整。

建立优势思维"比较坐标系"

有比较,才有鉴别。优势思维必须建立在比较基础之上,没有比较,就没有所谓的优势或者劣势。所谓的优势、劣势,只有在相比较的情况下,才有意义。没有所谓的绝对优势,只有相对优势。和谁比?在哪个范围比?在哪个具体的时间段比?不要随便夸口产品好,绝对一流,看跟谁比。不怕不识货,就怕货比货。

优势思维必须建立比较坐标系,解决"跟谁比""怎么比""比什么"的问题。跟本地区同行比?跟全国同行比?跟韩国企业、日本企业、德国企业比?不同的坐标系,就有不同的比较结果。确定比较坐标系需要确定比较的动机、目的和意义,需要根据自身目前或长远所面对的实际情况和需求,需要针对市场环境,这样的比较才有价值。

一味与弱者比,容易沾沾自喜,不求进取。一味与强者比,

则会相形见绌，丧失自信。所以，建立优势思维比较坐标系非常重要。通过比较，明确自己的实力位置，知道自己的不足，也知道自己的优势。依据这样的比较结果，确定发展战略和行动路线。

第4章

开放性思维：多视角看问题、全方位思考

"双创"时代最需要的是开放性思维。

开放性思维突破传统定式思维和片面狭隘思维，多视角、全方位看问题。把事物割裂开来、孤立起来、封闭起来，这种思维是保守、被动、消极、形而上学的静止性思维。开放性思维有两大特征：一是反教条，二是实事求是。开放性思维不因循守旧，不墨守成规，敢想善想不乱想，不断发明创新，是企业发展的前提条件。当今时代，缺乏开放性思维的企业不可能发展，会很快为创新性企业所淘汰。

未弄清真相之前，不急于下结论

在没有弄清楚事情的真相之前，不要急于下结论，不要随便肯定，或者随便否定。最好保持沉默，在沉默中思考，直到确实弄清楚事情原委，真实了解了事情的来龙去脉。先入为主轻率做结论，无异于堵死了思维出口，将思维限制在狭小区间。

有一个著名的"冰山理论"，是美国一位著名的心理治疗大师提出的理论。她认为一个人的自我就像一座冰山，表露出来可以被人看见的仅仅是很少的一部分，而绝大部分是为人不可见的。"冰山理论"虽然是心理学范畴的理论，但对于我们认识其他事物也有启发。我们看到的任何事物都是其中很小的一部分，隐藏其下的则是更加丰富的东西。有的人总是喜欢自以为是，习惯于先入为主，盲目自信，或者有武断的个性特征，遇到事情凭直觉、直感和过往的经验做判断，在未能真正了解实情的情况下就肯定或否定，按照自己的思维定式下结论，自己不给自己深入思考的机会。

未经深入思考，就不要轻易下结论——不论是肯定的还是否定的。尤其是遇到不了解或不懂的问题，不要本能地拒绝和否定。人的学识和经验都是有限的，不可能穷尽所有的知识，也不可能经历所有的事，问题是人可以不懂不知，但绝对不要轻易否定什么——除非真的有了确切的依据和理由。在看法和观念不一致的时候，你可以不去做，但不要阻止别人去做，更不要去打击别人。

放宽一切思维限制，不做任何框定，允许任何思维方向和内容——完全开放，这就是开放性思维的原则。只有在十分了解、准确掌握情况之后，做出细致分析，深度思考后，才可以做出肯定或否定的意见。

不论做人做事还是做企业，都要这样做。在人际交往中，先入为主往往会有不准确的负面判断，进而影响人际关系。每个人都不容易，各有各的难处，内心深处都有各自的辛酸苦辣和无奈。人人都有难唱的曲子，家家都有本难念的经。常怀怜悯之心，时刻与人为善，逢人遇事慈悲为怀，不尖酸刻薄，不冷面相对，在不了解实情之前最好保持沉默。做企业更要谨慎思之为之，牵一发而动全身。

思维的力量
——财富是思维能力的产物

独立思考,不人云亦云,不师云亦云

开放性思维就是要让思维不受任何限制,只有独立思考才能做到这一点。别人的经验可以借鉴,各种知识都可以学习,别人的意见也需要听取,外界的各种信息都可以拿来为我所用,但是思考过程必须是独立的,要有自己的分析判断,不受人摆布,不受制于环境。这样的思维才能算作开放性的思维。

学习知识的途径很多,向书本学,向老师请教,向周围人学。但学来的知识要经过消化吸收,不能照搬照套。尽信书,不如无书。同样的道理,不论是老师所讲的东西,还是别人所说的东西,都要经过自己的大脑分析判断。有的老板学习热情很高,不放弃任何学习的机会,十分喜欢学习,舍得花费时间、精力、金钱参加各类学习班、培训班,但就是缺少独立思考的能力。只要是老师讲的，他都觉得十分有道理。学以致用的积极性也很高，照猫画虎，学了就用。今天按张老师讲的办，明天按李老师讲的改，后天又是王老师讲的一套，最后把企业做成了"四不像"。缺乏独立思考能力的老板学得越多越有问题，囫囵吞枣，消化不良。就这些人而言，不是学习使企业进步，反而是学习导致企业失败。

学习的目的是什么？不是为了唬人或装门面，不是拿来炫耀的，而是拿来使用的，要有使用价值，要实用，没有使用价值的知识就是一堆废物。知识的使用需要理论联系实际，要考虑到前提条件。没有放之四海而皆准的绝对真理，任何理论都有实用条件。不顾自己的实际情况，生搬硬套，结果必然事与愿违，南辕北辙。

老板不但要有独立思考的能力，而且要有独立判断的能力。不要人云亦云，师云亦云。大数据时代，要善于利用大数据分析市场、消费者、竞争对手、行业走势……运用所学知识，用数据说话，以有说服力的数据作为决策的依据。

不闭关锁企，善以别的企业为镜

以别的企业为镜，体察自己企业的得失。"不识庐山真面目，只缘身在此山中。"身处企业内，常常难以看清自己企业的问题。最好的办法是以同行业企业为镜，从旁观者的角度看问题，能得到很多有益的启发。善于发现和学习别人的长处，看到别人的问题之后，想想自己有没有类似的问题，引以为戒。这就是开放性的思维。

消费市场越来越成熟，产品分类越分越细，行业门类五花八门。不论是哪类企业，不论生产加工型企业还是批发零售型企业，只能选择其中某一些品类来经营。尤其是中小型企业，不要图多，选择其中适合的品类精心经营。即便是大型企业和超大型的企业，也不可能穷尽行业所有品类，也要有所选择。

比方说，快消品品类，有个人护理品、家庭护理品、食品饮料……

个人护理品又分口腔护理用品、护发用品、个人清洁用品、化妆用品、纸巾、鞋帽、剃须用品……

家庭护理品又分洗衣皂、合成清洁剂、织物清洁剂、盘碟器皿清洁剂、地板清洁剂、洁厕剂、空气清新剂、杀虫剂、驱蚊器、磨光剂……

食品饮料有硬饮料、软饮料、烘烤品、巧克力、冰激凌、咖啡、肉菜水果加工品、乳品、瓶装水、米面油……

这些品类中，有的市场表现比较好，有的表现一般，有的甚至很难做。要对经营各种品类的企业做分析判断，了解不同的市场行情，可以悟出许多经营之道。比如许多企业都在学习借鉴保洁、可口可乐、康师傅等的经验，并学到很多有价值的东西。总之，要开放性思维，多视角看问题，全方位思考，最后得出正确的判断。

跨界，嫁接，多模式整合资源

开放性思维，打破行业界限，跨界合作或嫁接式创新。跨界不仅局限于平常所说的强强联合，可以是各种形式的互补合作，整合资源，1+1＞2，建立同创共进的市场共同体和利益共同体。这种整合属于立体式思维，立体式思维就是敢于"嫁接"，善于"跨界"，有效整合资源。那些在商业领域叱咤风云的人物，都有整合资源的超强能力。

企业要创新发展，线性思维越来越不适应时代的要求。中规中矩线性思维，机会少，路子窄。需要在开放型经济大环境下，跨行业、跨时空立体式思维，移植、嫁接、跨界整合各种资源。立体式思维必将成为大趋势，新业态必将不断涌现。管理大师德鲁克说，未来企业的竞争不再是产品和服务的竞争，而是商业模式的竞争。跨界联合是创新商业模式的捷径，通过跨界整合，颠

第4章 开放性思维：多视角看问题、全方位思考

覆了传统的盈利模式。现在有些企业砍掉了中间流通环节，再造供应链，让利于消费者。有的项目高手推出免费产品，貌似不赚钱，其实是他通过资源整合，将盈利锁定在其他环节上。

有一家公司运用开放性思维，跨界联合，策划了一个社区O2O项目，获得极大成功。这种模式颠覆了传统的社区便利店盈利模式。传统社区便利店盈利模式就是靠销售生活用品赚取差价。即便是加盟模式，也就是加盟商配送产品而已。通常情况就是店家去批发市场，批发日常用品回来卖。价格不降低，消费者得不到任何利益，价格低店家就赚不到钱。这家公司则是开放性思维，采取"线上平台，线下连锁"的模式，整合资源，跨界联合。成为会员之后，消费额达到一定额度，可以兑换保险、水电气、旅游等。消费者获得了实实在在的实惠，加盟商家也获得了利益。平台也有钱可赚，只不过赚钱的对象不是社区居民，而是通过资源整合进行了转移，实现了多元化的盈利模式。

许多项目难做的根源是没有客户黏度，只要提升了客户黏度，赚钱就很容易了。解决了消费者黏度问题，许多资源会主动来找你合作。即便某一个产品或服务不赚钱，但只要能够把消费者聚集起来，赚钱的渠道会增多，盈利方式变得多元。传统盈利模式是线性的，跨界资源整合是立体的模式。

第 5 章

得失思维：辩证思考得失造成的影响

所有人都有得失观念，人们每天最平常的思维就是寻思诸如"我得到了什么？""我失去了什么？""我能得到什么？""我将会失去什么？"之类的问题。做决定之前，都要思索这类问题。思维结果假如是认为有所得，就会付诸行动；认为无所得或失大于得，就会放弃行动。贪"得"或许是人的本性，从懵懂的孩童时期开始，一个人所有的努力都是为了最大限度地获取。至于"失"，大概有两种情形：一是无可奈何花落去，不以个人主观意志为转移，因不可抗拒的原因无奈地失去；二是主动放弃已经拥有的一些东西，主动"失"是智者思维，常人很难自愿自觉地放弃已经拥有的东西。

谈得失问题，必须首先承认一个基本事实——有得有失，有失有得。人不可能什么都能得到，想要什么都能得到无疑是不可能实现的妄想。辩证讲，人也不可能什么都会失去，失去一切或一无所有的说法显然过于极端。即便失去再多，也不可能变得一无所有。往往在失去这种东西的同时，会得到另外一种东西。不论做人做事，不论为官经商，对于得失需持平常心态。不要太在意得失本身，而要辩证思考得失所造成的影响。

思维的力量
——财富是思维能力的产物

弄清楚对与错及得与失的辩证关系

事实上,并非坚持做所谓"正确"的事,结果就一定是"得",做"对"的事不一定有"得"的结果。这时候,如何看待对与错及得与失?如何找到行为及心理的平衡点?尤其是对于老板而言,在管理企业的过程中,常常面对各种选择,必须回答对错、得失问题。只有保持有所"得"的状态,企业才能生存。

有一家企业,在20世纪八九十年代的时候,其规模很大,年度销售额达到100多亿元。但就是这样一家大型企业,在其后不到10年的时间里,每况愈下,最终破产倒闭。后来有人问这家企业曾经的老总:"那个时候,你们企业是做什么生意的?"回答:"只要是亏本的生意我们都做。"言语中透露出无奈和自我调侃。做企业到底是以"得"为导向?还是以"正确"为导向?的确是一个必须面对和思考的大问题。企业假如不计得失,仅仅以某些人所谓的"正确"为经营导向，风险很大。因为一旦思维方向是错的，结果就不可控。

不论是现代还是古代，不论是国内还是国外，不论是产品制造型企业还是流通行业的中间商，要想生存必须得追求利润，赚不了钱的企业肯定无法生存。企业老板必须要有符合商业理论的得失观，建立禁得起实践检验的得失思维模型。

有一家做生活用纸的企业，老总打算在国内 8 个地方开设分厂。算下来，开设分厂需要投资 10 多亿元。有人分析市场之后对开设分厂的计划提出异议，老总说，只要流程不出错就行，盈亏不用过多考虑。不知道他所说的流程是什么流程？决策流程？执行流程？不管所说的流程是什么流程，总之，作为企业老板，不以得失为导向的思维是有问题的。

类似这位老板的奇特思维并非绝无仅有，不少老板只要求流程正确，不算计得失，不思考盈亏。有的老板思考问题很片面，缺乏辩证思维。比如说，总是要求员工先学会做人，然后再学做事。这种观点并无错，但问题是做人固然重要，但如何做事才与企业利润直接关联。在许多时候，做人的标准很模糊，对错没有绝对的评判标准，而做事则有明确的衡量指标，那就是公司利益的得与失。所以说，企业老板一定要有正确的得失思维模式。

老板为什么必须要重视得失问题?

真正意义上,所谓的商人,指的仅仅是从事于商品流通行业的人,也就是中间商。商品制造行业的人称为工人,制造型企业的老板也不能称为不是商人,而是产品制造者。制造型企业的利润来自商品生产成本与市售价的差额,商品流通行业的企业利润仅仅来自购销进出差价。制造企业与渠道企业是利益共同体,不论哪类企业,都要追求利润。企业长期不盈利,结局只有一个就是倒闭。

对企业而言,狭义上的得与失,指的就是利润。而广义上的得失,不仅仅指利润。企业要生存和发展,必须要追求企业利润,不盈利的企业拿什么立足?千方百计赚钱是作为老板的基本道德。道德与赚钱之间不存在矛盾,比方说,诚信是基本的社会道德标准,企业可以在遵守社会道德的前提下,追求更多合理合法利润。

进价 10 元的商品，必须高于 10 元卖出去，才能盈利。不但必须在乎毛利，还必须计算清楚扣除各种成本之后的实利。这个过程中，怎么做才算是诚信？没有差价，不挖"坑"，商人如何生存？那么，进价 10 元的东西，销价多少才算是诚信？才不算是"深坑"？这是一个很难界定的问题。所以还是应商言商。

思维的力量
——财富是思维能力的产物

丢芝麻，捡西瓜，失小而得大

抓大放小的道理谁都明白，无须强调。但什么是大？什么是小？如何抓大放小？这个问题估计并非所有人都能回答得出来。这里需要讲明白的一点是我们所说的大与小，不要仅仅理解为金钱、财物、名声等实利，我们讲的大与小包罗万象。

孟子《鱼我所欲也》："鱼，我所欲也；熊掌，亦我所欲也。二者不可得兼，舍鱼而取熊掌者也。生，亦我所欲也；义，亦我所欲也。二者不可得兼，舍生而取义者也。生亦我所欲，所欲有甚于生者，故不为苟得也；死亦我所恶，所恶有甚于死者，故患有所不辟也。如使人之所欲莫甚于生，则凡可以得生者，何不用也？使人之所恶莫甚于死者，则凡可以辟患者，何不为也？由是则生而有不用也，由是则可以辟患而有不为也。是故所欲有甚于生者，所恶有甚于死者。非独贤者有是心也，人皆有之，贤者能勿丧耳。"

仔细理解体会孟子的这篇文章，对于我们认识得失问题大有裨益。说到底，得失问题的本质是抉择问题，而抉择的根本是一个人的价值观问题。武王伐纣建立周朝，伯夷、叔齐二人决意不为周臣，不食周粟。兄弟俩到一个叫首阳山的地方，靠采集山上的野菜充饥。一位妇人看到后说："你们不吃周朝的粮食，可你们采摘的野菜也是周朝的呀！"二人于是绝食而亡。面临得与失，必须按照自己的价值观衡量大与小。

这里我们不讨论其他，只谈老板的得失观。企业是老板的第二生命，没有什么事情比企业的存续和发展壮大更重要的。对于老板而言，企业的生存和发展是心中最重的秤砣。遇到任何问题，都得用这个秤砣来称量。以对企业的影响程度来衡量事情的大与小，而不是以金钱财物等的多寡来判断，这样的思维便找到了准星。

凡利于企业发展的就坚持，凡与企业发展有害的就抛弃。《墨子》："利之中取大，害之中取小也。"两害相形，则取其轻；两利相形，则取其重。比较两件有害的事情，选择害处小的；比较两件有利的事情，选择利益大的。几千年前的古人对此已经有十分明确的认识，现代企业老板的认识应该更加全面深刻才对。

思维的力量
——财富是思维能力的产物

小眼前之小利益，大长远之大利益

20世纪90年代到2005年这段时间，广东东莞简沙洲一带有400多家大大小小的生活用纸加工厂。他们的经营模式就是赚快钱，大部分生产出来的卫生纸是一些劣质货，能卖出去就行。至于"品牌"，做坏一个再重新做一个。在生活用纸紧缺的市场背景下，生活用纸行业处于高速发展时期，"赚快钱"成为许多企业老板的常规思维。他们不考虑什么信誉和品牌等，甚至认为注重质量和品牌的企业太笨。同一时期，广东新会和中山真有这么两家"笨"企业，它们是"维达"和"洁柔"，这两家企业坚决不"挣快钱"，把产品质量和品牌视作企业生命线。经过行业的大浪淘沙，那些赚快钱的企业陆续都被淘汰了，而"维达"和"洁柔"不但生存下来，而且都变成了上市公司。

有这样一个故事：年轻人向富翁请教成功之道。富翁拿出三块大小不一的西瓜，放在年轻人面前，让他选择。年轻人毫不犹豫选择了最大的一块西瓜，而富翁则选择了其中最小的一块西瓜。富翁很快就把小块西瓜吃完了，然后又拿起剩下的那块西瓜吃起来。年轻人明白了，只顾眼前利益，不一定能得到最大利益。

有智慧的老板分得清什么是眼前利益，什么是长远利益。但是总有人分不清，误将眼前利益当作最大利益，殊不知这是在提前消费企业的未来。只顾眼前小利益者，往往忽视企业的长远大利益。近利是愚者的诱饵，一叶障目不见泰山，眼里只有近处的树叶而看不见远处的森林，只关注水渠中的小鱼而看不见远处的池塘。

精明老板挣小钱，聪明老板赚大钱

牛根生的成功，不是没有原因的，世上没有平白无故的成功。牛根生成功的原因很多，疏财仗义是原因之一。"财散人聚，财聚人散"是牛根生的座右铭，他是这么思维的，也是这么行动的。道理很简单，所有人都懂，但真能敞开自己的胸怀和钱包的老板并不多。牛根生在伊利的时候，因为业绩突出，公司奖励他一笔钱。牛根生却用这笔钱买了4辆面包车，送给跟着他打拼的几个部下。牛根生年薪百万元，但大部分钱都用来资助有困难的员工。员工得病遭灾，牛根生带头捐款；员工买房结婚，牛根生慷慨解囊……即使在企业最困难的时候，牛根生也不会拖欠员工工资。

牛根生说，赚了钱的老板有两种：一种是"精明老板"，另一种是"聪明老板"。"精明老板"的竭泽而渔，第一次挣了100

万元，80%归自己。结果，第二次挣回来的恐怕就只有80万元。"聪明老板"的放水养鱼，第一次挣了100万元，80%分给手下。结果大家一起努力，第二次挣回来的有可能就是1000万元。即使他把这1000万元的90%分给大家，他自己拿到的也足有100万元。等到第三次的时候，可能就是1亿元。再往后就是10亿元。"精明老板"的企业越做越不景气，最终人财两空。"聪明老板"的企业越做越大，人财两聚。

"精明老板"苦心经营钱财，"聪明老板"苦心经营人才和人心。如今已经不是单打独斗的时代了，做企业进入了合伙人时代，合伙人时代必须要经营人心和人才，人心向背和人才多寡是决定企业未来的关键因素。

《史记·田敬仲完世家》记载了这样一个故事：春秋战国时期，齐威王与梁惠王相会在齐郊打猎。梁惠王："我们有十二颗宝珠，能照亮十二辆车子。你们有吗？"齐威王："你们以珠宝为宝，我们以人才为宝。我们有檀子大将，守卫南城，楚国不敢进犯，周边诸侯都来朝贡；我们有盼子大臣，守卫高唐，燕国赵国有七千多家前来归附；我们有种首大臣，负责治安，社会安定，路不拾遗。我们有很多这样的大臣，他们每一个人都能光照千里，岂止照亮十二辆车子！"听了齐威王的话，梁惠王羞愧万分。梁惠王以珠宝为宝，最终结果是国破家亡。齐威王以人才为宝，最终成为东周强霸。正如唐代赵蕤在《长短经》中所言：

"得人则兴,失人则毁。"

企业的"企"字拆开来是"人"和"止"——"企"无"人"则"止"。人才是企业的第一生产力,没有人才,企业不可能发展。企业老板靠什么聚集人才?靠什么凝聚人心?要大格局、大胸怀、大气度,而不是小鼻子小眼。只有舍得了钱财,才能留住人才,才能拴住人心。不但要共担责任,同时也要共享利益。不论是感情留人、环境留人、价值观留人、人格魅力留人,还是其他什么办法留人,只要能把人才留住,就是好办法。"聪明老板"一定是"精明老板",反之则不尽然。

第 6 章

取舍思维：选择比努力更重要

　　取舍是选择的结果，选择就是取与舍的鉴别和决断。人的一生是由无数个大大小小的选择穿起来的链条，从小到大再到老，每天都会面对这样那样的选择。同样，对于企业而言也是如此，无数个选择伴随着企业的整个生命过程。不论是被动接受，还是主动取舍，每一次的选择都关乎企业的发展。作为企业舵手，老板的选择不但事关个人，还关乎企业命运。老板的选择不可不慎，需要具有成熟的禁得起时间和实践检验的取舍思维。

顺风顺水的时候，切勿轻举妄动

当企业顺风顺水的时候，不可轻率改变企业的前进航向，任何比较大的选择都要符合企业的战略目标和愿景。企业由创业初期的艰难困境逐渐发展到顺风顺水着实不易，必须珍惜得来不易的顺境。经过不断探索和调整，企业一旦步入正常发展之路，也就证明找到了前进的方向，基本确立了企业的终极愿景和目标，这时候就不能频繁改变了。即便是改变，也仅仅是微调。任何取舍都要有连贯性，指导思想的连贯性，选择行为的连贯性，尤其是那些事关企业发展大战略的取舍，必须不忘创业初心，坚守企业使命。既然运营平稳，顺风顺水，说明一切都处于适配状态，没有改变的理由和必要。

有的老板思维老到，个性沉稳，企业战略一经确定，就不会轻易改变，除非运营过程中出现意想不到的重大问题。也有一些"花心"老板则喜好无常，个性多变，不安分，总是喜欢变来变去,战略定力不够。既然改变,更弦易张,说明当初的选择是错误的,变来变去实质上是在消耗企业能量。我们并不主张非要一条道走到黑,但也坚决反对朝三暮四。没有战略定力,要想成大事很难。比之于挖井,坚持不断往下挖,才有可能出水。刨一个浅坑就换地方,永远挖不出水来。纵观商场成大事者,无不都是有耐心和恒心的人。"花心"老板要增强思维定力,尤其是在企业稳定发展的时候,千万不要变来变去。明白变来变去的危害,要耐着性子按既定方针走到底。

职场人也是如此,不能频繁跳槽,职场"跳蚤"不会有大出息。上大学的时候,甚至还要更早的时候,就要做职业规划。职业规划不是只管一年两年,而是管十年、二十年、三十年甚至一辈子。认准一条道,坚持走到底。跳槽换单位换公司是可以的,但是不能频繁跨行业跨职业跳槽。有的人迷信于挑战自我,本来干得顺风顺水,应该一直往前走才是,但为了挑战所谓的自我,离开事业舒适区,进入职业"雷区",得不偿失。

这里所说的不变是相对的,不是绝对的。更准确地讲,"不变"不是不变,而是尽可能少变,也就是除非万不得已就不瞎折腾。在坚持发展大方向不变的前提下,依据出现的新情况新问题做一些必要的微调是理所当然的,也是必需且必要的。怕的不是微调,怕的是任性地瞎折腾。企业都有奋斗目标和发展方向,有的清晰,有的模糊。不论清晰还是模糊,取舍思维的考量标准就是是否符合企业目标和发展方向。

思维的力量
——财富是思维能力的产物

面对各种诱惑，坚守创业初心

在企业发展过程中，经常会面临很多诱惑。作为企业老板，要冷静看待和分析，看清楚诱惑背后的实质。要基于企业愿景和战略目标做正确选择，明白企业的使命是什么，明白企业到底要什么和不要什么。

有一个希腊神话：有一个叫作塞壬的人面鸟身的海妖有天籁般的歌喉，时常飞翔在大海上，用美妙的歌声诱惑过路的航海者而使航船触礁沉没，船员就变成了塞壬的腹中餐。许多航海者抵御不了诱惑而致使船触礁，但是擅长弹奏竖琴的太阳神阿波罗之子俄耳甫斯却抵抗住了塞壬的诱惑——他用自己的琴声压制住了塞壬的歌声。企业犹如行驶在大海上的航船，塞壬的歌声就如各种诱惑，企业掌航人能否抵挡住诱惑以免企业触礁，掌舵人就要像太阳神阿波罗之子俄耳甫斯那样奏响企业主旋律，抵御诱惑，保证企业顺利航行。

种种诱惑当中,最大的诱惑来自金钱,当然还有对于"名"的追求。有的企业在某一行业做成功后,老板容易自我放大,飘飘然起来,感觉做哪一行都能成功。做服装成功了,以为做电脑做房地产都能成功,误认为没有干不成的事。客观讲,企业成功后,就会有各式各样拉赞助的、推荐项目的、拉投资的、招商引资的蜂拥而至。讲得天花乱坠,诱惑满天飞。若没有战略定力,很难扛得住铺天盖地的种种诱惑。

人都知道"淡泊明志,宁静致远"这八个字,但真正能够理解这八个字的人并不多,真正能够践行这八个字的人则更少。做大事者必得超脱一点,须得静守初心,除却杂念,澹泊不适当的欲望。世间诱惑太多了,跨过诱惑这一关,那么就离成功不远了。

大企业可以灵活把控盈利机会

在取与舍的节骨眼儿上,皆须谨慎,而中小企业则更须谨慎,千万不可轻动盲动妄动,因为实力容不得几回瞎折腾。但是对于大型企业而言则可以例外,因为人家有那个实力。大企业尤其是那些超大型的集团企业要有勇气抓住好机会,增加企业利润增长点。对于大型集团企业而言,多点爆发应该是正常的战略思维。

1979年,雅戈尔靠纺织服装起家,一直是中国服装行业的龙头企业。雅戈尔主打产品衬衫、西服也常年保持市场综合占有率第一位。1992年,雅戈尔进军房地产,在宁波、苏州等地开始开发大型楼盘。2009年,雅戈尔地产业务在公司整体营收中的占比达到了42%。2013年,以自住改善为主的中户型产品热销,促就一波市场回暖行情。雅戈尔主动抓机遇,积极推盘促销,合理储备土地，促进了雅戈尔地产业务的平稳健康发展。雅戈尔不但做房地产，还挺进投资行业。2009 年，雅戈尔参与了 9 家上市公司的定向增发投资，实现净利润 16.25 亿元。2010 年，雅戈尔定向增发投资合计盈利 3.74 亿元，金融投资业务实现净利润 12.45 亿元。2013 年，雅戈尔逐步由金融投资向产业投资转型。

虽然雅戈尔选择了多点爆发战术，但正如董事长李如成所说，雅戈尔一直坚持主业，从未放弃过主业。雅戈尔有清晰的发展战略，没有沉迷，没有放弃主业。这样的企业战略不是普适思维，仅适用于像雅戈尔这样的大型企业。中、小、微企业既缺资源也缺实力，不可能有这么多的选择。大企业可以抓住机遇横向发展一把，增加企业的盈利点，但实力不够的中、小、微企业只能专注于某一个行业寻求发展。

企业老板至少要清晰三点。

一是在某个时段，选择什么，必须舍弃什么？

二是在某个领域，选择什么，必须舍弃什么？

三是在某个特定场合，选择什么，必须舍弃什么？

取舍平衡感及对于"度"的把握

取、舍之间要有平衡意识。平衡什么？怎么平衡？平衡思维也可以叫中庸思维。围棋棋理中，讲究虚与实的平衡，地与势的平衡，"地"指已经实实在在拿到的实利，"势"指棋形的外势，中后盘的发展趋势。平衡感不但是商业之道，也是为人处世之道。不走极端，讲究分寸，把握平衡。

招聘面试或新人入职，一般公司只谈公司好的方面，不会自揭老底。阿里巴巴创始人既告诉他们企业美好的前景，同时也告知他们面临的残酷现实。制定发展战略的时候，做重大决策的时候，强调四个字——"收、放、合、散"。不但强调收、放、合、散，而且将这四点绑定时间轴，强调"什么时间"。既收且放，既合且散，这就是思维的平衡感。强调在什么时间收放合散，体现出企业管理者对于时机的重视。一方面给予"淘宝小二"很大的个人决定权；但另一方面又经常强调对于有些事情管理者不能不管。该放的就完全放开，该管的则必须严管。既要授予士兵应有的必要的自主决策权，也不能完全或全部放权。

做企业真的很像是在玩平衡木。企业存在于社会，企业要图谋生存和发展，面对的不仅仅是市场，不仅仅是消费者，还要面对其他许许多多的人、事、物。作为企业老板，不但要努力把企业做好，肩上还有家庭责任，还要应对各种各样的社会人际关系。既要直面企业眼前的情况，还要考虑企业中长期发展问题。要想在复杂情形中游刃有余，就要有超强的平衡思维能力。只有平衡，才有可能实现利益的最大化和最优化。

把握"度"的问题一讲就明白，但真要运用得好没那么容易。"度"的把握是高手和俗手很关键的区别。言、行、心之"度"，绝对不是不偏不倚中不溜就可以了，而是要找到最佳黄金分割点。人是复杂的，事也是复杂的，黄金分割点在哪里？具有丰富的知识和经验，有超常的思维能力，才有可能对"度"的把握清晰、精准而又自信。

第 7 章

逆向思维：离经不叛道的思考力

有的人将逆向思维称为求异思维，其实这两种思维方式有区别，不可混为一谈。逆向思维必定是求异思维，但求异思维并不一定就是逆向思维。逆向思维与正向思维相反，不是顺着逻辑关系推理，而是反着逻辑关系推理。求异思维则是反常态常规，即求新、求变、求异。追求的是与别人不一样的思路、想法和做法，另辟蹊径，不走寻常路，不遵寻常法。逆向思维和求异思维皆为不循常规的思维，不循常规常常能得到意想不到或出其不意的结果。

正向思维先因后果，循着事物发展变化的客观规律由原因推结果。正向思维又称为条件导向思维法，就是以现有条件为思维导向的思维方法，立足于现有条件，以此为前提推演进程和结果。简而言之，也就是强调有多大能力，就做多大事。而逆向思维正好相反，先果后因，以结果为导向，先设定结果，再由结果往前反推，分析研究想要达成这样的结果需要具体什么样的条件，如何创造必备条件是逆向思维的重点。正向思维是尽可能利用条件，而逆向思维是千方百计创造条件。

别人都做的事，我就不做，逆着来

平庸无奇的思维方式只能做平常事，只有换一种思维方式，才能发现更广阔的天地，才能做出不一般的成果。

"老干妈"的逆营销是逆向思维的经典案例。别的企业很难复制"老干妈"的成功，但我们可以从中悟出许多道理。尤其是体会到做企业的时候，如何体现思考的力量，学会如何逆向思维。"老干妈"的思维方式具有明显的独特性，正因为独特才成就了一番大事业。"老干妈"创始人陶华碧从不接受媒体采访，不贷款，不上市，不做推销，不做广告，不融资……一连串的"不"。别人趋之若鹜的事，"老干妈"就是不做。人们都看不懂"老干妈"，所有事情都是逆着来，却塑造了一个别人难以复制的商业传奇。

不一样的经销商策略：现款现货。"老干妈"要求先打款后发货。许多企业都把货压在经销商手里，而"老干妈"必须先打款才能拿到货，甚至打第二批货款的时候，才能拿到第一批的货。这让其他厂家叹为观止。"老干妈"是以火车皮为单位发货，量小不发货。"老干妈"的大区域布局也很有特点。许多企业需要维护数量庞大的经销商，每年都要召开各种不同地区、不同层次的经销商会议，会议上以各种形式极力讨好经销商。但是"老干妈"不一样，一个省或者几个省才有一个经销商，甚至还经常进行省份合并。

"老干妈"的霸气其根本还是在于产品。"老干妈"把产品做成了硬通货，只要能拿到货就不愁卖，流通速度快，风险小，成为经销商利润的可靠保障。拿到了"老干妈"，就相当于拿到了金钱，所以"老干妈"成了经销商的抢手货。

2000年初，绝大部分企业没有经销网络，没有物流运输，都坐在家里等各地大小经销商前来采购。各地经销商拿到货，回去怎么卖，企业不关心。"老干妈"逆向思维，或称为求异思维，当时选择了与众不同的路子，只选择大区域经销商，并且"老干妈"负责物流运输。大区域经销商为了提升销售业绩，就自主自发地开发次级经销商，逐渐形成了网络，遍布区域内大大小小的便利店、商场、菜市场，"老干妈"变得随处可见。"老干妈"先人一步完成了渠道网络布局，形成完善的经销商网络。

"老干妈"的成功是逆向思维的成功。产品是营销的源头，

产品过硬才能创造奇迹。食品企业要在产品口味、包装、规格、定价等方面下足功夫，打造符合消费需求的产品。只要以消费者为中心，能够提供极致的客户体验，即便定位中低端市场，也可以书写商业神话。做企业要有耐心，看准了坚持做，看似普通的产品和品牌逐渐就有了价值。企业要敬畏和尊重市场成长规律，有长期心态，不能一味追求短平快。

"老干妈"坚持不上市，不被资本绑架，反而赢得了市场尊重。取得市场优势后，产品力和价格空间成为关键因素。提高价格的确能够增加企业利润，但同时也会为竞争对手让出价格区间。企业在产业链中的地位决定企业话语权，"老干妈"在产业链上的强硬源自无可替代的产品力，单纯羡慕"老干妈"的强硬作风毫无意义，关键是如何打造自己企业的核心优势。在当时传播条件很差的情况下，"老干妈"不做推广，仅靠口碑相传，逐步积累品牌价值。经过时间酝酿，最终激发出巨大的市场爆发力。

最后还是要说一句，现在的企业千万不要盲目地去复制"老干妈"的做法，因为时代变了，"老干妈"只有一家，找到适合自己企业发展的模式才是最重要的。我们通过了解"老干妈"的发展历程，感悟商"道"，学习借鉴思维方式。

第7章 逆向思维：离经不叛道的思考力

"倒行逆施"——不按常规出牌

商场如战场，不论商场还是战场，若老老实实按照常规出牌，对手事先就知道你会怎么做，对付你的思路和手段早就有了，那么，你永远都很难取胜。只有出其不意，才能攻其不备。做人要老实，但做企业必须要有战略思维。

一、先开拓市场，后生产产品

常规套路是先做产品的市场调研，对市场有足够信心之后，开始生产产品，然后进行市场营销，开辟市场。但在特殊情况下，或者对于特殊的决策者而言，可以倒着来。在没有产品的情况下，以虚拟产品来开拓市场，打开市场之后再开始生产产品。这是一个十分冒险的做法，前提是对产品的研发和生产要有绝对的自信心。

创业初期,牛根生提出"先创市场,再建厂房"的逆向战略。先建市场,后建工厂,不但是典型的逆向思维,还是典型的逆向操作。常规思维是先建厂房,接着购置设备制造产品,再做宣传,打广告,搞促销,扩大知名度,逐渐抢占市场。对于当时的牛根生而言,实情不允许他这样做。他反其道而行之,把有限的资金集中投注到市场推广中,先把市场拉下来。只要市场拉下来,牛根生对于产品是绝对有底气和自信的。他曾经是伊利副总裁,对于牛奶产品制造技术及运作程序十分内行。只要有了市场,叫响蒙牛品牌,产品对于牛根生而言,并不是当时面临的关键问题。

二、决策逆着大众化的思维方向

著名管理大师韦尔奇倡导要善于"反大众化的方向"思维。牛根生有一个著名的逆向营销理论:"不管螺丝怎么设计,正向拧不开,反向必定拧得开。"牛根生逆向思维,成功策划了一系列事件营销、娱乐营销、公益营销……

2003年"非典"时期,许多企业认为消费受到影响,这时广告效果不佳,纷纷撤下电视台正在播放的广告。牛根生不这样想,在央视一套及全国15家卫视加大广告播放密度。事实上,因为疫情无法出门,人们看电视的时间比往常更多,广告的宣传效果更好。当人们都"这样想"的时候,牛根生偏就不"这样想"。蒙牛的竞争对手放弃草原概念，牛根生就是要与众不同，在品牌宣传中反其道而行之就是要突出草原概念，让蒙牛成为草原大品牌旗下的忠实代表。这就是牛根生的思维方式，就是要与你不一样。

三、先敲定目标，再倒推实现目标的条件

一般而言，老板的常规思维是"有多大本事办多大事"，量力而行，循序渐进。牛根生偏不这样想，他的思维是这样的：不要问我一双手能干多少事，只问移泰山需要多少双手；不要问我一口锅能煮多少米，只问慰劳千军需要多少口锅；不要问我一盏灯能照多少里路，只问照亮天下需要多少盏灯。

这就是典型的逆向思维。先确定目标，然后研究实现这样的目标需要什么条件，剩下的事情就是想尽办法创造所需的条件。立足既定目标，倒推资源配置，倒推时间分配，链接战略战术，链接方法手段。为了实现总目标，必须倾尽全力创造各种条件，于是所需的各种条件成了各种阶段性的子目标，相当于目标分解。

牛根生的这种逆向管理法其实十分严谨科学。2001年，牛根生制订了一个未来"五年计划"，将2006年的销售目标定为100亿元。很多人都认为这是在"放卫星"，太冒进。牛根生的回答是："因为我胆子小，才定这么一个小目标，要是换成别人，

就不是 100 亿元而是 200 亿元。"思想统一后,大家齐心协力,全心全意向目标奔去。结果到 2005 年底,营收已经突破 100 亿元,2006 年销收入达到 162 亿元。

最糟糕的时候,往往是转机的开始

刘强东的逆向思维:"我做生意大概有几个原则,第一,如果那个行业很完美,几乎看不出来有什么问题,京东是从来不碰的,因为那意味着对你来讲几乎没有机会。如果发现一个行业太乱太糟糕了,简直可怕,那就是巨大的机会,一定要进去。你的商业模式只要能够解决问题,那么你很有可能会获得成功的机会。"

许多人创业选择行业的依据是看到别人都在做,而且行业生态稳定,都做得不错,他就会很放心地进入,认为这才是最好的行业。这样的思维叫正向思维,按照常规推理得出的结论。刘强东认为这样的行业他不会做,他是反向思维。刘强东的观点是有道理的,因为这样的行业已经没有太好的商业机会了。最有价值的商业机会是原始机会,众人还没有认识到这是机会的时候,这

样的机会的市场前景最好，商业利润空间最大。当然，开发和挖掘原始机会的成本也很高，培养市场需求需要有耐心。

商业跟随思维不失为一个有价值的策略。马化腾的腾讯最初起步的时候也是采取跟随跑的战术，马化腾的 QQ 并非初创，而是模仿别人。QQ 前身叫 OICQ，OICQ 模仿的是 ICQ，ICQ 是一个国际聊天工具，I seek you（我寻找你）的意思。马化腾的 OICQ 模仿 ICQ，在 ICQ 前加了一个字母 O，意为 opening I seek you，意思是"开放的 ICQ"。2000 年，就在 OICQ 席卷中国即时通信市场之时，一纸律师函发到了刚刚成立 3 年的腾讯公司。ICQ 母公司美国在线（AOL）起诉腾讯侵权，马化腾急中生智，将 OICQ 改名为 QQ。依靠跟随思维成功的商业案例很多，甚至可以说是不胜枚举。但不要以为一"跟"就灵，跟随成功需要具备许多前提条件。只有在市场形成初期，跟随成功的概率才最大。一旦市场很成熟了，无数商家都各就各位了，这时候进入无利可图，只能吃到一点剩饭残渣。

刘强东所言虽然是针对行业说的，其中的道理实用性很广。不但选择行业时需要注意这个问题，就是在确定产品项目的时候也需注意。别人成功的商业模式可以模仿，甚至在特定条件下可以照抄照搬，但需要具体情况具体对待。最好的思路还是要反向思维，善于发现市场空白区间，一张白纸正好写字。

刘强东当年做家电的时候，几乎所有投资人都反对。刘强东则反向思维,认为这是一个难得的商机。他认真研究分析两家家电销售企业的财务报表,发现他们的成本太高了,作为最有名气的两个连锁企业,他们对经营效率和效益的管控存在不足。刘强东坚定了在京东卖大型家电的决心,坚信能够成功。京东决策的时候有一个"倒三角模型",有三个决策指标,只要能够降低成本、提高效率、有更好的用户体验,他们就坚决去做。

2012年,刘强东做出决定,京东销售的大型家电三年内零毛利,保证京东所售的大型家电比同行便宜。因为是负毛利,所以卖得越多亏得就越多,这需要具有强大的内心和强大的资金支持。刘强东的这个决心和口号,引发了当年的一场大型家电价格大战。因为这事,当时的京东被线上、线下的各种相关利益人和机构群殴。现在搜索当时的新闻,还能看到许多关于京东的负面报道。有人问刘强东,你经常在沙漠开车,你不怕死吗?刘强东说,风险很大,但方向盘在我自己手里。面对压力,刘强东之所以显示出强大的内心力量,是因为看准了方向。

逆向思维是商业"蓝海"探测神器

红海就是已知市场,红海竞争已经十分激烈,行业边界清晰,游戏规则既定。在红海谋生存不易,但绝大多数人必须在红海打拼,绝大多数企业必须在红海搏杀。因为,蓝海仅有少数人能够发现,仅有少数企业能够独占。所谓蓝海指的是尚未被多数人发现的市场,未知的市场,或者虽然已知但尚未开发的市场。谁能成为蓝海第一个吃螃蟹的人,成为开辟蓝海第一拨儿人,谁就有成功的无限可能。红海属于普罗大众,而蓝海仅仅属于那些有独到眼光的人及敢于善于冒险的人,属于那些有能力创新的人。

100 年前的 1908 年,福特推出 T 形车,超脱汽车产业小作坊模式,发现并开创了汽车产业的蓝海。咖啡产业已成红海的时候,星巴克发现了咖啡零售业的蓝海。面对商品终端销售的红海困局，沃尔玛发现了蓝海。"拼多多"在"淘宝"和京东的市场夹缝中寻找到了线上销售的新蓝海。短视频产业本来就是一个必然出现的蓝海，这个蓝海被"抖音"紧紧揽进怀中。蓝海为什么诱人？因为蓝海没有红海那般的残酷的恶性同质竞争，利润空间巨大。大凡新兴市场，都有巨大的诱惑力。

如今的市场已经不能用红海来形容了，说成一片火海也不为过。几乎能被人琢磨到的需求市场都被人挖掘得底朝天，所有行业都在红海中奋力拼搏。许多创业者都在绞尽脑汁寻找能够生存的有利可图的好项目，但实在是太难了。偶尔冒出一个自认为不错的好点子，准备撸起袖子大干一番的时候，却发现早有人涉足其中。能够被大多数人发现的机会，其实根本就不能称为机会了。

红海与蓝海之间是辩证的关系，并非水火不容。当涌入者越来越多，最初的蓝海就会慢慢变成红海。另外，红海中不缺少相对的蓝海区域，缺的是超乎常人的思考力和机敏的商业眼光。在成熟的市场，其缝隙中总是有机可寻。创新是开拓蓝海的重要思路，逆向思维更是探测蓝海的神器。

市场竞争越来越激烈，同时我们可以看到，涌现出来的独角兽企业也越来越多。说明一个道理，就是市场永远都有蓝海存在。"小米"只有9岁，"滴滴"只有7岁，"拼多多"只有4岁，"抖音"只有3岁……在科技飞速发展的今天，这些"独角兽"

企业凭借创始人过人的智慧，在资本市场的推动下，数年之内就能迅速成长为庞然大物。市场追踪消费者的需求，迎合各种需求研发产品。其实运用逆向思维的方法想一想，人们的需求是可以创造、教育和改变的。像"抖音"等这类产品的出现，影响和改变了人们的生活习惯，创造了全新的生活需求。迎合需求没错，但创造需求更是商海强者。

善用逆向思维，在传统产业和新兴产业中发现或创造新的社会需求点，盯住新的需求点开启自己的创业之旅，比起一拥而上的跟随战术，会大大降低创业的试错成本。长视频成就了"优酷""爱奇艺"等，运用逆向思维，"抖音""快手"等挖掘短视频市场，结果大家都看到了，短视频市场成为新的掘金地。微信、QQ维持着熟人社交圈，"陌陌""探探"逆向思维，把触角伸向了陌生人社交，成功分到了线上社交的一块蛋糕。线上购物最早有"淘宝"、京东模式，后来又有了"美团""饿了么"模式，"拼多多"逆向思维开发出客户发起团购模式，仅仅用了三年时间，就直奔纳斯达克上市去了。

可见，所谓的红海并不是绝对的红，而是红中有蓝，只要肯研究探索，会逆向思维，就能见缝插针，在红海中发现别人尚未发现的绝好商机。在红海潮中，抓住隐藏于其中的尚且属于偏门冷门的新蓝海市场，四两拨千斤，很快取得成功。

别人都在跟风，都在跟随跑，而我偏不这样做，而是从另外一个方向动脑筋,这就是逆向思维。有一个著名的商业故事是这样的:有一个人在公路旁边建起了一座加油站,生意非常红火。人们看到之后,在公路旁建起了一座又一座加油站。而会逆向思维的聪明人不会跟风建加油站,而是会在加油站旁边开一个便利店。加油站建得多了,就成了红海,市场的蛋糕就那么大,后来者无利可图。便利店则是与之紧密相关的蓝海市场,通过逆向思维就可以发现许多有利可图但尚未开发的新的需求。

看到别人在做一个优秀的项目,假如是新兴市场,可以跟随跟进,但如果这个市场已经足够成熟,那么切忌照抄照搬。而最聪明的思路是另辟蹊径,反向思维,我能不能做一个新的项目,为这个项目提供某些补充或者提供某种服务?创业之关键在"创"字上,抄袭没有出路,要在创新上下功夫,这才是创业的本质。

思维的力量
——财富是思维能力的产物

商战谋略，逆向思维实操技巧

逆向思维的价值和意义毋庸置疑，谈逆向思维问题，关键不是逆向思维是否重要，而是如何运用逆向思维，也就是逆向思维的实操方法论，这恐怕是人们最想学习的东西。关于逆向思维，"是什么"及"为什么"的问题前面已经讲过，不再赘述。下面，就具体谈谈如何进行逆向思维，有哪些具体的方式方法，即"怎么做"的问题。

逆向思维方法一：反义、换位、逆向、易地思考法则

孤阴不生，孤阳不长，交通成和，万物化生。老子言："有无相生、难易相成、长短相较、高下相顷、音声相和。"《医贯砭阴阳论》云："阳根于阴，阴根于阳；无阳则阴无以生，无阴则阳无以化。"任何事，任何物，都有阴阳两面。有人就有出，有进就有退，有上就有下，有前就有后，有头就有尾，有长就有短……中国古代的阴阳理论是"方法一"的哲学基础。任何事，任何物，都有对立统一的两个方面。

反义指从相反的意义、意思、意见去思考，不做大多数，敢做少数，善作"杠精"，思路和做法就是要与别人不一样。李彦宏说："我小时候有很强的不服输心理，越是大家不看好的事，我越是要做成。"

换位指换位思考，这是常用的逆向思维法。换位思考能够有效避免主观臆断，换位思考之后就会理解对方的观点，明白对方的感受，得出正确的判断和结论。周鸿祎要求公司做产品开发时，开发人员先让自己变成一个小白用户，不要从技术专家的角度去做产品。马云做阿里和淘宝，每一项技术改进都要求研发人员必须做到让不会玩电脑的人也能轻松地完成购物整个流程。这就是换位思考。将你变成客户，才会真正了解客户需求。

逆向指反方向思考，你向东，我就朝西。既指空间方向，也指事物的发展演化方向。先确定年度目标，再倒推完成这一目标必须具备的条件，就是典型的反方向思维。先把目标确定了，再分析实现这个目标的途径，创造实现目标的条件。自己给自己压力，依据目标找条件，思路和行动会更加清晰有效。

易地指换地方。你做城市市场，我就瞄准农村市场。你去欧洲，我就去非洲。早在 1996 年，海信就挺进非洲市场。将 14 英寸彩电生产线转移到非洲，但非洲人说这个产品太高端，而且太占地方。海信就专门开发了9英寸黑白电视生产线，立足南非，销往非洲各个国家。20多年过去了，如今海信南非工业园区年产能达到100万台彩电和50万台冰箱的生产水平，事业推进得有声有色。

逆向思维方法二：行业、企业、产品等属性对立思考法则

逆向思维的第二种方法就是从属性对立面去思考。这里所说的属性包括行业、企业以及产品等的所有属性，社会属性、物理属性、价值属性、行为属性……认识事物的角度很多，不同的人会有不同的认识。即便是同一事同一物，不同时间有不同的看法，不一样的观察角度会得出不一样的结论。简而言之，即事与物总是多元的，兼具很多属性。对于企业所从属的社会行业及其产品属性来讲，也是多元的。

逆向思维的第二种方法，就是针对行业、企业、产品等某一属性，从对立面去思考问题。如好→坏、大→小、强→弱、有→无、动→静、多→寡、冷→热、快→慢、增→减、生→死、出→入、始→末、水→火等。"露露"的广告语"夏季喝加冰的露露，冬季喝热热的露露"，就是这种思维方式。海尔针对人们夏季洗衣特点和需求，开发出中国第一台"即时洗"洗衣机"小小神童"。这种微型洗衣机外形尺寸不超过普通全自动洗衣机的三分之一，洗涤 1.5 公斤衣物的水电用量相当于全自动洗衣机的三分之一，颇受消费者欢迎。不但国内热销，还出口到近百个国家和地区。海尔研发"小小神童"的思考方式是典型的属性对立法。

逆向思维方法三：由果及因，无限归因思考法则

通常人们思考问题都很懒惰，遇到事情的时候，都是启动直觉思维模式，按照自己长期形成的思维定式来判定。这种浅层次的初级思考方式常常带着偏见，很难认清本质。遇到问题的时候，许多人会首先本能地想方设法开脱自己的责任，把原因归罪于他人，或者想当然地抱怨环境因素。当然，通常情况下，导致某个问题发生的原因或许很多，非某一单纯的原因所致，或许是诸多原因累加的结果。正确的思考应该是既分析外部原因，更要首先思考自身问题，如是不是自己的决策、自己的企业、自己的员工存在什么问题？而不是推诿，把原因全部推给别人，推向外部。

要把出现的问题当作结果，向上逆推原因，而且要无限逆推原因，直到寻找到最远最初始的根源，这个最远最初始的"因"即是病根之所在。消除此病根，是解决问题的关键之所在。而不是错误地把面对的现象当成原因，以此"因"为依据向下推结果，进而依此结果制定所谓的措施。这样的思考方式显然是错误的。

比如，面对"销售业绩不佳"问题，顺推的结果必然会得出"必须想办法把产品卖掉"这样的思考结果。把思考点集中在"如

何把产品卖掉"这个问题上，必然会向销售人员问责加压。正确的思考方式是溯源逆向思考，思考业绩不佳的深层次原因是什么。真的仅仅是销售人员的问题？没有其他什么原因吗？是不是产品质量或者市场需求出现了问题？要透过现象看本质，多问为什么，一直问为什么，直到得出最终答案。研究问题产生的真实根源，想办法从根本上解决"因"的问题，铲除产生问题的原始土壤。

逆向思维方法四：欲扬先抑，心理逆反法则

这则故事的真实性无从考究，也无须考究，真实与否并不重要，重要的是故事揭示出的道理：据说，当年土豆传到法国时，法国农民并不愿种。有人便出了一个怪招，在种植土豆的田边派士兵把守。农民见此阵势，认为地里种的一定是金贵之物。于是，他们也都在自家地里开始种土豆，土豆渐渐推广开来。

某地决定引进波尔山羊作为致富项目，担心村民不热心，就逆向思维，欲扬先抑，运用心理逆反法则进行推广。决定每个村只推荐一户作为养殖户，筛选条件极为苛刻。每户只给固定数量，多一只都不行。村民都很疑惑，什么品种的羊这么金贵？好奇心促使下，都踊跃参与，扶贫项目很快就推广开来，家家户户养起了波尔山羊。

逆反是普遍存在的心理现象，本来并不是什么好事情，但运用得当的话，坏事会变成好事，不利因素会变成有利因素。心理

第7章 逆向思维：离经不叛道的思考力

学中把"不禁不为""越禁越为"的逆反心理现象称为"潘多拉效应"或"禁果效应"。"潘多拉效应"的心理实质是好奇心和逆反心理在起作用。2016年，农夫山泉推出时长3分钟的广告。"农夫山泉"巧妙运用逆反心理法则，大字显示"5秒后无条件免费关闭广告"。据反馈数据，主动关闭广告的不足30%。这与那些不成为会员你就必须耐心给我把广告看完的做法形成鲜明对比，提升了品牌美誉度，拉近了品牌与消费者的距离。

再看看"陌陌"的逆反心理营销术，营销文案是这样写的："别和陌生人说话，别做新鲜事，继续过平常的生活。胆小一点，别好奇，就玩你会的，离冒险远远的，有些事想想就好，没必要改变。待在熟悉的地方，最好待在家里，听一样的音乐，见一样的人。重复同样的话题。心思别太活，梦想要实际，不要什么都尝试。"

越不易得到的东西越让人刻骨铭心，越容易得到就越不会珍惜。逆反心理用于营销，不仅迎合了人们的好奇之心，还给予用户不一样的情绪体验。逆反营销方式不多见，所以容易成为轰动性营销事件。逆反心理原则的具体运用，大概有三种方式：逆常规思维、逆传统思维、逆流行思维。逆常规思维就是明显反常规，不符合常理，让人感到意外。比方说，商家推出新产品，肯定希望买家越多越好，假如运用逆常规思维，就可以设计成限量销售，告诉消费者我这款产品只卖给少数人。"苹果"和"小米"都经常运用这种思维，也就是人们所说的"饥渴营销"。逆传统

思维和逆流行思维的道理是一样的。

逆向思维方法五：观念颠倒原则

世上不存在绝对的真理，对于得与失、利与害、优与劣、好与坏等的判断是以特定的价值观为前提的。塞翁失马，焉知非福？没有绝对的失败，也没有绝对的挫折，面对挫折和失败要逆向思维，发现挫折和失败背后的东西。人们遇到挫折失败的时候，除了痛苦彷徨，就是心灰意冷，陷入消极情绪的泥潭不可自拔。其实，任何挫折失败的背后都潜藏着新的生机和重新开始的契机，关键是能不能想到这一点。

所谓的缺点，假如换个角度，调整一下价值观念，其实缺点也是优点。尤其是对于企业管理而言，没有绝对的对错，只有相对的得失。所以不论是评价员工，还是看待决策，或是认识年度业绩等，都需要逆向思维。有失就有得，比方说，营销业绩不佳，收获的是经营管理的经验，避免犯更大的致命性错误。对于员工要用人所长，包容其缺点，不要指望员工人人都是完人。产品研发失败当然不是通常意义上的好事，但可以从中吸取教训，头撞南墙之后就会十分清楚地明白此路不通，让人更加清醒。成大事者绝对不是一路顺风，而是踩着失败和挫折一路前行，直至最后成就一番事业。

第 8 章

复利思维：威力胜过原子弹

　　形象直观地说，复利思维也就是利滚利思维，按指数级增长的思维。按照因果律来理解复利思维，就是"因"产生"果"，而这种"果"具有特殊性，不是普通意义上的"果"而已，而是具有明显的反哺"因"的特性。"因"被"果"反复强化，"果"的量级也呈指数级迅速扩大。"因""果"相互激荡，"因"因"果"而旺，"果"因"因"而长，如此循环往复，结果不可想象。假设一张厚度仅有 0.04 毫米的普通纸张足够大，可以无限对折，重复对折 64 次，其高度就可以达到 166020696 万公里，这个长度是什么概念？地球到月球的距离，才 38.4 万公里。这就是复利思维的力量。复利思维的本质绝对不是一个数学公式，或者数学原理，而是其包含的哲学意义和一种思维模式。最大的价值是将复利思维融合运用到生活工作中去，为创造美好生活和开创成功的事业提供助力。

荷花定律：池塘里诞生的思想力

第一天，荷塘里绽放的荷花很少；第二天，绽放的荷花是前一天的两倍……直到第三十天的时候，荷花才能开满整个池塘。花开数量每天是前一天的两倍，第几天花开一半池塘？或许有人会想当然地回答：第十五天，然而并非如此！第二十九天的时候，荷花仅仅是一半池塘。但到了第二天——也就是第三十天，人们临池一看，整个池塘满是荷花。这就是著名的"荷花定律"。最后一天也就是第三十天，开放的荷花数量是前二十九天之和。这就是备受追捧的"荷花定律"。

"荷花定律"蕴含着一个深刻的道理：成功需要厚积薄发，需要积累沉淀，需要忍耐奋斗过程中的艰苦和寂寞。功到自然成，只要功夫深，铁杵磨成针。万事不仅开头难，开头之后的长期坚持也很难。许多人半途而废，就是因为坚持不住，决定偃旗息鼓，坚持到底的是内心无比强大的少数人。

第8章 复利思维：威力胜过原子弹

耐得住寂寞，持之以恒，是成事者的共性。竹子在前四年，只能长三四厘米，而且这三四厘米还被埋于地下。第四年之后，它破土而出，开始以每天三十厘米左右的速度疯长。大约六周时间，就能长到十五米。不仅竹子很励志，同样励志的还有金蝉。金蝉脱壳之前，要在暗无天日的泥土下"隐居"三年。据说，有一种蝉居然要在地下待十七年之久。

谷歌有一位名叫马特·卡茨的工程师，给自己制订了一个"30天挑战计划"：骑车上班，每天步行10000步，每天拍一张图片，撰写5万字的自传，不看电视，不吃糖，不玩推特，不喝咖啡。这些项目中，除了5万字的自传，其他都是非常小的挑战。即便是5万字的自传，也只需平均每天写1667个字而已。30天后，马特·卡茨像变了一个人，从肥胖的宅男工程师变成了体健、乐观、自律的人。他感慨道："不要小看那些小小挑战，只要坚持，总有一天你会感谢自己。"

人们看到的往往是成功者成功后的光鲜亮丽，而忽视成功前的汗水和泪水。越接近成功越艰难，越艰难就越要坚持。没有量的累积，就不会有质的突变。在成功之前，几乎所有的成功者都要付出常人无法想象的艰苦努力和漫长等待，当这些努力和等待开始开花结果的时候，量变引爆质变，他们的未来开始写满辉煌。量变到质变的那一刹那，奋斗者实现临界突破。这一刻，是由平庸走向成功、由平淡走向辉煌的临界点。

长跑跑到一定距离时,会胸闷、呼吸困难、四肢无力,这是临界点反应。突破临界点之后,氧供应就会增加,乳酸清除加快,身体会迅速切换到新的生理平衡。新平衡建立后,呼吸开始顺畅,身体瞬间变得轻快,这被称为"第二次呼吸"。许多人逾越不了临界点,打退堂鼓放弃了。只有坚韧的人,才跑到了终点,赢得了鲜花和掌声。

坚持,不一定必然出现临界点;不坚持,则肯定不会有临界点。胡炜炜做了10年的汽车记者,才创办了"摩拜"。papi酱发布了几千条视频,才开始火起来。只要方向对了,不要焦虑,多给自己一些时间。成功概率理论指出,运气要比别人好一些、多一些,一是要有明确的目标,二是向着目标笃定前行,三是失败后仍不放弃,持续努力。

复利效应：指数级增长的财富大雪球

复利效应是指资产收益率以复利计息时，经过若干期后资产规模（本利和）将超过以单利计息时的情况。事实上，复利计息条件下资产规模随期数呈指数增长，而单利计息时资产规模呈线性增长，因此长期而言复利计息的总收益将大幅超过单利计息。

有这样一个故事：阿基米德与国王下棋。国王输了，国王问阿基米德要什么奖赏？阿基米德说："棋盘第1格放2粒米，第2格放4粒米，第3格放8粒米，第4格放16粒米……直至放满整个棋盘。我就要棋盘上的这些米。"国王听了，不以为然。可是经过计算，像这样放满所有的棋盘格子，整个国家粮仓里的米都不够。这就是复利思维的数学原理。

复利为什么有这么大魔力？这其实是一个数学问题，叫作

几何级数增长。比如说 2^2 是 4，2^3 是 8，2^4 是 16，到了 2^7 就是 128。这种增长非常像原子核的聚变，能释放出巨大能量。在投资领域，复利能带来巨大收益。由于利息的本质就是资金的时间价值，所以在足够长的时间段，即使投资回报率有微小的差异，单利和复利之间也会形成很大的财富差异。

银行存款采取的都是单利计算方式，而大部分基金、保险产品则是复利计算方式。因此，即使是不大的金额，在经历了足够长的时间之后，由于投资选择的不同，也会使财富上产生巨大差异。这个图直观地反映了单利和复利收益在多年后的巨大差异。

美国伊利诺斯州森林湖市 100 岁老妪格蕾丝·格罗纳离开人世，将 700 万美元的遗产捐赠给了她的母校森林湖学院。据格蕾丝的多年好友披露，这名百岁老太的 700 万美元巨款来源于她在 1935 年购买的 180 美元美国雅培公司的股票。1935 年后，世界经历了一系列战争包括第二次世界大战、大大小小局部战争，经历了全球大大小小的金融危机以及各种天灾人祸。人类经济纵然有波动，但始终是向上的。长线投资年化复利仍然达到 16.3%。

2005 年，在布鲁克林工艺大学任教 60 年的欧斯默夫妇相继去世。两人膝下无子，是极其普通的大学教授。当清理他们的投资财产时，发现有一笔资产已累积到了 8.57 亿美元。原来早在 1960 年，欧斯默夫妇把 5 万美元交给巴菲特打理，一放就是 45 年。

有一种观点认为，股市投资的目标不是追求一时的最大收益，而是稳健的长期收益。每年 10% 的收益率如果能够保持较长时间，只需要 7.3 年就可以使资产翻倍。这给我们很多有益的投资启示，尤其我国经济处于可预期的长远的上升通道中，买入并持有长期股票是不是高价值的为未来着想的理财方式呢？尤其是当房地产市场受到政策性打压的时候，持有中长期股票是不是更为理性的选择呢？

用时间杠杆和利率支点撬动生活

广义的复利思维不仅用于计算金钱财富，运用复利思维方式思考生活、学习、社交等都能得到不一样的启示。简单的事情重复做，重复的事情认真做，坚持坚持再坚持，就会有惊喜回报。复利思维的精髓在于耐心和意志力，经受住时间的考验，不急不躁，即使回报率很小，但假以时日，就会有大回报。

生活中运用复利效应，需把握四点

第一，提高事件"利率"。这里所说的利率不是数学意义上的利率，而是指生活意义上的利益度。复利思维中，利率是很重要的因素之一。即便是微小的利率差别，通过复利作用，最终结果差异很大。比方说，2^{100} 与 2.1^{100}，相差了 10^{32}。这就给我们一个很大的启示，事件的获利度对于结果的影响非常大。要善于辨识事件价值，在生活工作中做多项抉择的时候，做出聪明的取舍。

第二，拉长时间期限。复利思维的前提和特点就是不急功近利，而是需要有耐心地打时间的消磨战。利益不会很快显现，总是在长期坚持中突然地爆发。比方说，学习知识不可能一蹴而就，但坚持每天学一点，慢慢积累，终有一天会学富五车、才占八斗。锻炼身体也是同理，不要指望锻炼一两天或者一两个月就能有什么明显效果，但只要每天坚持科学合理健身，配合科学饮食和有规律的作息，戒烟限酒，低脂少盐，提高睡眠质量，调节好心态，保持愉悦的心情，一年两年或者十年八年之后，就会显现出乎意料的效果。

第三，提高事件重复率。事件重复次数是复利效应的另一个关键因素。按照复利效应的原理，初始时差别不明显，但是越往后越明显。只要重复的次数足够多，复利效应就能够很充分地显现。简单的事情重复做，重复的事情认真做。

第四，大前提：因果激荡，相互强化。以上三点不可谓不正确，但是不完整。因为复利效应有一个大前提，就是原因 A 导致结果 B，结果 B 反过来强化原因 A。如果没有明显的因果强化关系，那么复利效应就不可能发生，不可能事半功倍，期待中的结果不过是低效的线性结果，而非倍数级放大的结果，甚至事倍而功半。

举例

网络写作、摄影、视频、直播等复利效应。

因:发了一件作品。

果:被认可并分享。

被网友认可并分享,激励作者更加勤奋用心发作品。

在这个系统中,

"利率"是认可并分享作品的人数和次数。

重复次数是发作品的数量。

发高质量作品(提高利率),坚持不断发(重复),因果相互强化。作品达到一定数量的时候,突然会到一个临界点(爆红)。

复利思维是品牌未来巨大的红利

品牌就是企业的脸面,无论做什么行业,无论企业规模如何,要想做得好,品牌是关键因素。纵观国内外经济大背景、经济发展大趋势、目前的经济形势,我们有一个研判,复利思维是未来企业品牌最大的红利。"重复+上瘾+长期主义"是商业思维的核心要义,品牌认知也要符合这一要义。有的企业有的老板偏离了这个本质,总是不满足眼前的品牌定位,总喜欢改来变去,总是感觉这样的品牌形象消费者不太喜欢,总想整一把大的。

复利思维之下,品牌最重要的就是找准入口不断重复,这就足够了。一旦精准地找到入口,就义无反顾打透它。细水长流,水滴石穿,才算是抓住了未来品牌的发力点。复利思维就是微利下的长期主义,要长期主义,最好的办法就是让消费者上瘾,只有上瘾才能产生高强度的消费黏性。

许多行业的暴利时代一去不复返了，妄想一把搏个大的，对于绝大多数行业而言已经不可能了。取而代之的是细水长流思维，复利思维，微利下不断重复，长期叠加，等待暴利临界点的降临。巴菲特非常喜欢吉利公司，小小刀片，微利长销。像"名创优品"，一句朴实无华的广告词"去名创，很实惠"打动无数人的心，成为复利基座。比如"华莱士""九毛九""书亦烧仙草"都是复利思维的践行者。一杯奶茶，一个汉堡，一次赚得不多，但日日夜夜不断累积，总有临界点来临的那一天。

做企业是这样，职场人生也如此。企业有企业的品牌，商品有商品的品牌，人一旦进入职场，也成为特殊商品，也是有品牌一说的。初入职场，不要指望有暴利人生。绝大多数刚刚走出校门的大学生，年薪6~10万元，差距不大。一开始就要想年薪几十万元，可能性不大。起点的薪资多少没有那么重要，重要的是后五年或后十年，重要的是进入了什么行业，积累了哪些经验和资源，有没有为自己的职场品牌奠定坚实的基础，这些才是其后可持续性成长的关键性要素。当下的每一天都是下一个职场周期的起点，假如每一天都是上升的进步的，即便很缓慢，假以时日，五年、十年、二十年后，一定差不了。假如每一天都处于下行通道，一天不如一天，日积月累，那么未来一定不容乐观。

研究饮食品类，我们发现畅销品除了必需品，就是"成瘾品"。要想在这个行业里做大，"成瘾"二字十分重要。商道不但要讲人道，还要顺应人性，违逆人性不可能有市场。虽然健康但很难吃，没有发展前途。成瘾即能让人产生心理依赖，如糖、咖啡、烟、酒、茶等。我们把这五个品类称为饮食畅销品类五个高速"赛道"，在这五个"赛道"上，出现了太多的成功品牌。复利思维与"赛道"有密切关系，"赛道"是巴菲特滚雪球理论的理论基础。巴菲特说，滚雪球最重要的是发现很湿的雪和很长的坡。巴菲特所说的"坡"其实就是我们这里讲的"赛道"。只有找对"赛道"，才能实现滚雪球式的财富积累。"赛道"找不对，要么没有"雪"，要么没法"滚"。

微利是促成复利的基石。低定价的本质是选择微利策略，依靠走量争胜负。低价策略的竞争优势是高性价比，于是就出现规模效应。性价比就是用户感知的价值高于价格，客户就感觉到很值。不过并不是说价格越低，性价比就越高。有的东西价格很低，但同时质量也是很低，性价比也就不会高。不论价格如何定，总是要有合理的利润，复利才能成立。

如何理解品牌复利思维的长期主义？短期套利越来越难，必须长线思考。长线思维相容于短期作为，长期主义只是基于复利思考的商业模式而已。真正的长期主义并不是当下不要赚钱，而是不要去赚当下的最后一个铜板。长期主义也不是什么高风亮节无欲无求，而是谋大事者不逐小利，放长线钓大鱼。

或许有人认为这样赚钱实在太慢，也没必要非要这么赚钱，而且还举例说谁谁谁一年就买房买车。这种情况肯定是有的，原因是他们踩着风口了。正如雷军所言，踩上风口，猪都能飞上天。过去四十年，有的行业实在是太牛市了，比如房地产、金融、互联网。但是现在情况不一样了，市场变了。理性回归之后，一夜暴富的梦不容易做了，细水长流等待临界点的复利思维才是未来品牌最大的红利。

运用复利思维,把小生意做大

爱因斯坦将复利称为"世界第八大奇迹",投资专家把复利奉为投资成功的不二法门。巴菲特10岁时读了一本叫《赚1000美元的1000招》的书,书中有大量实用建议和赚钱的好点子。巴菲特兴奋不已,最让他震撼的是关于复利的解释。巴菲特开始思考时间、利率与本金的关系,领悟到了复利的精髓其实就是时间累积引发的资本量变。10岁的巴菲特立志在35岁的时候成为百万富翁。巴菲特心怀梦想,积极行动起来。读高中的时候,他第一次实践了一下复利思维,并初步见识到了复利思维的力量。17岁的巴菲特用25美元买了一台二手投币弹子机,说服理发店老板,把投币弹子机放在理发店里,供等待理发的顾客玩,赚的钱跟理发店老板平分。一个星期后,投币弹子机赚了50美元,巴菲特拿到25美元,这次投资的收益率高达100%。巴菲特复利思维,让钱生钱,用赚来的钱又买了第二台二手投币弹子机。很

快镇上的理发店都摆上了巴菲特的二手弹子机。

刚刚开始做生意,不要妄想一下子赚多少钱,只要本利能保持正增长就好。耐住性子慢慢起步,慢慢做,勤俭节约利滚利,迟早会等到质变的临界点。比方说,投资了10万元本金做生意,不要想一个月就能赚100万元,那是不可能的,因为只有收益率达到1000%,才能赚到100万元,没有哪个行业能有这么高利润。只要复利思维,不贪多图快,只要一直保持资本正增长就好。假如当本金做到1000万元时,只要收益率达到10%,一个月就能赚100万元了。开始做生意的时候,复利比收益率重要得多。

自从有了短视频平台,打造网红的速度呈指数级增长。网红山东"拉面哥"是复利思维做小生意的典型案例。多少年来,他的面始终是一碗面3元钱。据他自己讲,一碗面的利润也就几毛钱。成为网红之前,一碗面3元,成为网红之后,仍然是一碗面3元。按照现在的市场行情,一碗面卖十几元很正常,但他就是坚持卖3元。他不一定懂复利思维,但事实上他的做法暗合了复利思维的所有要素。

做小生意,开始创业的时候,目标不要定在赚多少上,而是定在做长久上。太想赚钱反而赚不到钱,因为太想赚钱的心态之下,人就会变得浮躁,会为了赚钱投机取巧,迟早会砸了自己的牌子,牌子一倒,一切泡汤。老老实实做,一点一点赚,这才是正道。只要坚持做下去,说不定就能出现意想不到的机遇。山东

"拉面哥"默默无闻卖了十几年的 3 元钱一碗的拉面,直到有了短视频平台出现,才突然一下子火了。

　　许多大型超大型的企业都是由小店起家的。华为是在 1987 年任正非借了 2 万元创建的,"沃尔玛"是 1962 年从阿肯色州本特威尔镇的一家小杂货店起家的。山德士创建了庞大的"肯德基"商业帝国,他是怎样起步的呢?时年 40 岁的山德士在肯塔基州开了一家加油站,看到来往加油的人很多,山德士有了做方便食品卖的念头。山德士推出了特色食品,就是后来闻名于世的肯德基炸鸡。慢慢地,从开第一家炸鸡餐厅开始,如今"肯德基"遍布全世界。人们耳熟能详的"可口可乐""星巴克""麦当劳"等这些跨国公司,最初的时候都是从小生意开始的。无数事实证明,不要瞧不上小生意,运用复利法则,小生意也能做强做大。

第 9 章

归零思维：唯物主义的思维策略

"归零"的字面意思很好理解，就是不管数字多大，全部抹去，从零开始。不要从数学的角度理解归零思维，要从哲学的高度理解，从智慧的角度认知，从调整思路和重塑心态的层面感悟归零的意涵。也不要抬杠，因为世界上没有绝对的真理，任何话只要一说出口、一写出来，就有三分错。如何理解归零思维，如何在生活和工作中运用归零思维，是这一章所要讲的主题内容。归零思维的角度和具体方法很多，比方说，"过去的就让它永远过去，不论是好的还是不好的，过去了就不要再纠结""破而后再立，所有事情重新定位""别为打翻的牛奶哭泣"……诸如此类的想法都属于归零思维，不胜枚举。需要学习的重点是理解归零思维的内涵、意义、方法论。归零思维仅仅是一种思维，始于思维而见于行动才是真正的归零主义者，见于心而未践于行证明没有悟透其精妙之处。

思维的力量
——财富是思维能力的产物

归零思维说起来简单,做起来难

在心理学上,归零属于注意力管理的研究范畴。注意力管理这一概念最早是由美国学者赫伯特·西蒙提出的。他在《关于人为事物的科学》一书中明确提出了注意力管理,并把注意力与物质资源相提并论,重点强调了它的稀缺性。他指出,在大多数的组织决策和个人决策过程中,注意力是一种关键性的稀缺资源,成功的管理者必须对注意力进行管理。

心理学研究表明,注意力资源是人的头脑中思考与解决问题的心理指向。注意力具有选择性、指向性、集中性、激活性、警觉性等特点,具有选择、维持、调节与整合的功能。事实上,从智力资源管理角度分析,对于探索阶段,注意力管理同样非常重要。注意力的剥夺导致有效智力活动时间减少,核心任务完成效率下降。

第9章 归零思维：唯物主义的思维策略

美国商界管理学大师达文·波特给注意力下的定义是："注意力是对于某条特定信息的精神集中。当各种信息进入我们的意识范围，我们关注其中特定的一条，然后再决定是否采取行动。"按这样的定义，注意力就是信息接收与选择过程，包括探索与决策两个阶段。探索阶段，人们对大量信息进行筛选，决策阶段，决定是否对吸引注意力的信息采取行动。两个阶段缺一不可，否则就不存在注意力。

有一种集中和管理注意力的便捷方法：每天都当成新起点，每一次工作都从零开始。像爬楼一样，把每一层都当成第一层，没有压力，不胡思乱想，只需盯着脚下的楼梯就可以了。为什么有些人喜欢炫耀豪车名表？因为他们的注意力放在了自己的过去——我取得了这么大成就，赚了这么多钱，一定让别人看见这个事实。如果懂得归零，就能不断完成一个又一个自我超越，成为专注的人，制订和执行计划时效率很高。

归零意识有利于保持平常心态，专注于眼下的事情。归零思维使人获得一种挑战自我的能力："我敢不敢、能不能用新的东西取代原有的旧的东西？"这是归零思维常态化的人经常思考的问题。归零说起来不复杂，但真正做起来却不容易。难就难在放不下贪念。有个人去沙漠寻宝，宝藏没有找到，水已经喝完了，他只好躺在地上等死。这时奇迹出现了，给了他许多水。就在走出沙漠的路上，他遇到了宝藏。他贪婪地把宝藏装满身上所有的

口袋,并且还背了重重的一袋子。可是此时他又没有多少水了。带着宝物往回走,体力不断下降,他不得不扔掉一些金银珠宝。他一边走一边扔,后来不得不把身上所有的宝物都扔掉了,却依旧渴死在快出沙漠的路上。舍弃欲望,才能走得更远。

凡是学会归零思维的人,都是有大智慧的人。成功时不骄傲,失败后不气馁,顺境中平常心,逆境中不泄气,一切归零后重新来过。归零思维可以戒骄戒躁,不把过往当包袱,不再琢磨曾经如何,只考虑今后如何做。从零开始,全新开始。归零思维就是像时钟那样,子时归零,重新开始,永远是新的周期。曾经的"诺基亚"未能及时归零重新开始,被"苹果""三星""华为""小米"等一众手机商家超越,望不到尾灯。归零心态就是放空心灵,然后再一次装入更有意义更有价值的东西。归零不是归零的目的,而是为了收获更有意义的人生,为了获得更幸福的生活,为了更加开心快乐。清除堆积了无数尘垢的心理内存,就会变得海阔天空,豁然开朗。每一次的归零,都是一次心灵洗礼。该归零时就归零,潇洒挥别过去,从容拥抱未来。

第9章 归零思维：唯物主义的思维策略

许多经验并不宝贵，及时归零

驴背着几袋盐过河，不小心从桥上掉进河里。盐遇水融化，驴顿感轻松。因祸得福，它很开心，以为学到减负的绝招了。过了几天，驴背着几袋棉花过河。它想都没想，"扑通"一声跳进河里。结果棉花吸水后变得越来越沉，驴被淹死了。

提到归零，或许有人会拿经验来抬杠，认为经验多么宝贵，不能归零。事实上，许多经验是靠不住的，经验都有前提条件，不是绝对的真理。人们总是忽视获取经验时的前提，而把孤立化了的经验当作真理，按照老经验行事，结果吃了大亏。人们的经验大都是对事与物的一些很朴素很粗糙的认知，没有上升到理性层面的直感认识。先验论是错的，经验主义也是靠不住的。经验必须经过实践反复检验，被证明是正确的，才可以作为思维依据。经验的价值也与感知者个人的知识、智慧、阅历等有关，智

者的经验与愚者的经验不能画等号。驴的直感经验就更不足以作为依据,没被淹死是偶然,被淹死则是必然。结论是,人的经验也要归零,越是愚者的经验越要及时归零。

王莉花很长时间精心策划的营销方案被新来的一位年轻上司否决了。她很不服气,以她的资历和经营经验,她对自己的这个方案绝对有信心。上司看出她的不服气,于是平心静气地对她说,消费群体在不断变化,这个方案太老套了。王莉依旧坚持认为方案可行,说自己这么些年以来很少失手,但是方案仍然被否决了。在执行项目的过程中,倔强的王莉依然按照自己的方案进行。她不服气,决心要拿实际结果证明自己是对的,领导是错的。结果是项目失败了,给公司造成不小损失。王莉自知理亏,担心被批。心虚之下,她试图拿曾经的功补当下之过,逢人便说自己多年来对公司的付出。虽然公司因为她的固执己见遭受了损失,但老板也没怎么批她,谁承想她不但不反省,反而喋喋不休,老板一气之下就辞退了她。至此的王莉仍然没有醒悟,除了感叹人生真难,就没有其他收获。人常说,吃一堑、长一智,但有的人无论吃多少堑也不长智。王莉的教训其实就是犯了经验主义的错误,不考虑老经验是建立在老条件基础上的,前提条件已经变了,她仍然笃信老经验,翻车是迟早的事情。

老马可以识途,经验有其用处,但唯经验论者肯定要吃苦头。新经验更需谨慎,只有那些很老很老的老经验才有比较高的价值。千万不要以为有了一点点经验就能在社会上混得风生水起，如鱼得水。要知道这世界每时每刻都在变化，前天的昨天的经验，今天就已经不好用了。善游者溺，善骑者堕。空杯子好装水，清除缓存电脑运行更快。躺在旧经验上故步自封，新的认知就寸步难行。

思维的力量
——财富是思维能力的产物

成绩归零，从零开始打造新辉煌

有成就者众，善归零者寡。有的人沉湎于过去的辉煌，不但自己难以忘怀，希望别人也能记住。即便有一点点小小成就也生怕别人想不起，逢人便讲，一有机会就谈论自己曾经如何如何，说者津津有味，听者索然寡味。人前不谈自己，人后少说别人。自恋不是自信，自恋是病，真正自信的人不会自恋。智者不会留恋过往，是非成败要清空，曾经多少事，尽付笑谈中。不把过往当包袱，轻装上阵，才能风轻云淡。

成绩归零，就是不吃老本。成绩只能说明过去，不能代表现在，更不能成就未来。有的人抱着成绩就止步不前，时不时拿出来炫耀一番，从而获得心理满足。总盯着过去，就难以放开手脚开拓未来。重新开始，重新发力，方能奋进不息，吃老本难有新作为。年营销数千亿元的华为从来不搞什么周年庆典，任正非的

第9章 归零思维：唯物主义的思维策略

低调源自他的归零心态。2010年，华为首次上了《财富》世界500强榜单。开会时，华为一位高管对大家说："告诉大家一个坏消息，我们公司上了世界500强名单。"作为全球最大的通信设备供应商，华为从来不提什么"世界第一"。任正非说："华为没有成功，只是在成长。过去的成功不是未来成功的可靠向导。不能陶醉于过去的成功，迷信过去的成功经验。"任正非看来，企业或组织如果背负成功的包袱，离死亡就不远了。他认为，华为是一个没有历史的公司，要求高管始终保持空杯心态。华为高管很少说过去的辉煌，只谈美好的未来。当别的企业在讨论五年规划的时候，华为已经在筹划一二十年后的事情了。

海尔张瑞敏曾经写过一篇文章，标题是《人不成熟的五大特征》。文中讲，人不成熟的第一个特征是"立即要回报"；第二个特征是"不自律"；第三个特征是"被情绪所左右"；第四个特征是"不愿学习，自以为是，没有归零心态"；第五个特征是"做事不凭事实靠直觉，不靠信念靠人言"。在第三个特征中，张瑞敏认为，人与人之间不要为了一点小事就暴跳如雷，这是很幼稚的表现，让别人一下就看到底了。现实生活中，要养成"三不"(不批评，不抱怨，不指责)、"三多"(多鼓励，多表扬，多赞美)。提建议应该用"三明治"方式——赞美，建议，再赞美。赞美不等于拍马屁，赞美有四个特点：真诚、发自内心、被大众接受、无私。带有很强的目的性去赞美，就是拍马屁。张瑞敏谈

到归零心态时说,人一定要有空杯心态,要向所有人学习。知识经济时代,学习是通向成功的唯一护照,只有不断学习才不会被时代抛弃。

管理情绪，负面情绪及时归零

创业难，难于上青天。大学毕业四年后，王闯开始自己创业。创业路上，他吃尽了苦头受尽了气，谈生意，跑营销，吃"闭门羹"是家常便饭。客户是上帝，面对一些客户的苛刻要求，他不愠不怒。即便累得身子都拖不动，却始终满面春风，总是把笑意写在脸上。不了解内情的人都赞叹他真是个难得的好脾气。事实上，他也是血气方刚的男人，也有个性，也会生气发怒，也有郁闷。但他懂得和气生财的道理，善于管理自己的情绪。他的办法就是转移情绪，负面情绪归零。心情不好的时候，一回到家，就拿出斧子、锤子、锯子，开始做手工家具。叮叮当当一番，看着自己的作品，一切不快都烟消云散了。

哈佛大学校长来北京大学访问，讲了一段自己的亲身经历。有一年，校长向学校请了三个月假，对家人说不要问我去什么地

方，每个星期我都会给家里打电话报平安。校长只身一人去了美国南部农村，尝试过一种全新的生活。去农场打工，去饭店刷盘子，在田地干活时背着老板抽支烟，和工友偷偷说几句话……他有一种前所未有的愉悦。有趣的是他在餐厅打工刷盘子，老板把他叫来："可怜的老头，你刷盘子太慢了，你被解雇了。"回到哈佛熟悉的环境后，他觉得眼前的一切都变得新鲜有趣起来。三个月不一样的经历就像是淘气的孩子的一次恶作剧，新鲜而有趣，心中积攒多年的"垃圾"也不见了。

辛弃疾在《贺新郎·用前韵再赋》中感慨道："叹人生，不如意事，十常八九。"人生在世，必然会有各种各样的压力，区别仅仅在于压力的大小和种类。许多人总是把注意力放在如何躲避压力上，结果是怎么逃也逃不掉，因为不可能逃得掉。最好的办法就是学会管控情绪，有适合自己的办法去释放情绪、转移情绪、化解情绪，让负面情绪归零。比方说，听听相声，听听歌，看电影，读书，户外运动，找朋友聊聊天，走走亲戚串串门，换换生活环境，郊游，来一次说走就走的旅行，给自己制订一个每天微笑计划，去工地上看看那些面朝钢筋背朝天的建筑工人，专心于感兴趣的事情……总之，办法很多。

第9章 归零思维：唯物主义的思维策略

戒律：受恩不能忘，施恩要归零

受人恩惠不能忘，不做忘恩负义之人。但是施恩于人，则事过清零。有的人为别人做了那么一点点事，就念念不忘。所以世人感叹，人情债，不能欠。借人钱物，还了就完了，可是人情债你怎么还都还不完。为什么说施恩要归零？因为不归零的后果无异于给自己的心情套上了枷锁，总是把对别人付出的那点好记在心上，时长挂在嘴上，不但让对方痛苦，自己也会陷入负面情绪的旋涡中。总是琢磨我对你那么好，你怎么可以这样对我？我为你付出那么多，你怎么回报这么少？正确做法有两种。一是要么压根儿就不要付出。是否付出是个人权利，付出是人情，不付出是本分。二是一旦决定付出，就要心甘情愿，就不要念念不忘，就不要图谋回报。图回报的结果一定是好事变坏事。视付出如投入池塘里的石子，涟漪就是你得到的回报，心情美丽就可以，至于石子去了哪里就不去多想了。

思维的力量
——财富是思维能力的产物

我有恩于你，但我对此绝口不提。你若投桃报李，我会感激。你若无动于衷，我也不怪罪于你，依然平静如水。大地付出那么多，她说什么了吗？没有。我们要学大地的宽厚，宽厚不是智慧，而是仁德。若总是将自己的一点点付出牢记在心里，时刻想着什么时候能得到回报，不但你自己累，对方也累。如果得不到回报，或回报未能使你满意，你就会始终处于不甘心的状态之中。岁月匆匆，人生不过百十年，何必斤斤计较。计较越多，心就越累。学会放下，既放过了别人，也放过了自己。

夫妻之间更要有归零思维，不但不可记仇，也不可记恩。夫妻之间的一切付出都要视作心甘情愿，这是天底下最美好的情怀。记仇记恩的夫妻，感情迟早要出问题。算斤论两的夫妻不会开心，更谈不上幸福。家庭生活中，夫妻的付出无法做到完全公平，付出多一点少一点都不要计较，都不要往心里去。下班回来，丈夫看看球赛，妻子下厨炒菜做饭，妻子不要抱怨丈夫不懂感恩。妻子身子不舒服，丈夫多干点家务活，是应该的。小家庭生活，归零思维十分有价值，时时处处事事都能用到。

无意义、低质量的社交"断舍离"

无论谁，都很难逃脱人际关系这张大网。如何看待和经营人际关系网，对一个人的生活和工作影响极大。一直流传着一句话，叫作人脉就是财脉，一些人深信不疑，于是乎，为了让自己的财脉旺起来，就拼命交往，什么人都交往，什么聚会都参加。有些比较有心机的人甚至制订了人际交往计划，要求每天必须投入一个小时或两个小时用于人际交往。于是成年累月奔忙于酒场饭局，身心俱疲。人每天除了吃饭睡觉，也就剩下那么几个小时时间，还必须得上班赚钱养家糊口。如果用于社交的时间多了，肯定疲于应付。

仔细想想，人为什么去交际？目的或许很多，各有不同，但总而言之无非是为了有好人缘，有好人脉，创造更多有利于自己的各种机会，提高生活质量。但过度交际的后果则适得其反，反

而降低了生活质量，于己于家都没有任何好处。王丽人到中年，事业遇到瓶颈期，为了打通晋升人脉，她参加各种聚会，结交各种人。结果非但没有遇到晋升机会，还因此疏忽了正在青春期的孩子，孩子早恋，夫妻之间也有了矛盾。好的人脉并不等于大量的低质量的无效的社交，对于这一点许多人都存在误解、误读、误信。一段时间后，王丽悟出了人际交往的本质，看透了人脉关系的真谛。她选择放弃无效社交，决定回归正常的生活秩序，经营温馨的家庭生活。夫妻关系和谐了，儿子的学习也进步了，她的心情也好多了。她说，比起社交场合虚情假意的推杯换盏，简简单单的工作和生活更有幸福感。

　　人的幸福感并不完全是由财富自由带来的，除了金钱，还有很多东西能让人幸福。真正的幸福是心的幸福，真正的自由是心的自由。正如康德所言，自由并不是随心所欲，而是自我主宰。越简单，越容易幸福。物欲横流的时代，诱惑很多。要清楚自己需要什么，不需要什么。天上掉不下馅饼来，人际关系的本质是价值交换，要想得到多少，就得付出多少，得到的越多，付出也就越多。结交几个高质量的朋友，比经营一大堆低质人际关系有价值。健康的身体比穿几件漂亮衣服有价值。人的幸福既要靠加法，更要靠减法，减去不需要的冗余的东西，减少低质量的无意义的社会交往。《菜根谭》有云："才就筏便舍思筏，方是太平道人。"过河之后，放下船继续前行，才能成为不为外物所累的人。

第9章 归零思维：唯物主义的思维策略

断舍离，不是扔掉一切。曾经有一本叫《断舍离》的书很火，教大家断舍离，过简单的生活，获得内心的平静。读完书，许多人就开始一顿乱扔，几乎把家要扔空了。一时间似乎真的松快许多，可随之发现扔了的许多物件还有用，又得重新花钱买。断舍离绝对不是教人扔东西，不是断绝一切人际交往，而是断绝、离开、舍弃低质低效的人际关系网，归零之后重新建立新的更适合和有益于自己的高质量的人际关系网络。断舍离不是操作方法，而是思维方法。依照自己的价值观念和标准，绝缘那些对自己来说毫无意义的事与物，只留下值得珍惜的东西，让自己更快乐。不因为虚荣或跟风去购买那些并不急需的东西，不因为担心被人说不合群而去参加各种聚会。这才是断舍离的本质含义。

有的人喜欢囤积各式各样并不急需的东西，囤积这样那样的人际关系。既浪费财力，也浪费时间和精力。有的人对于囤积关系很上瘾，看到微信圈好几千人，感觉很享受。可是在你最需要帮助的时候，有几个人能及时伸出援助之手？在你最孤独的时候，有几个人愿意毫无怨言地耐心听你诉说？或许有人囤积关系的目的在于做生意赚钱，开微店，或者在圈子里发发广告。其实熟人的钱很难赚，瞄着朋友圈赚钱，赚不到钱。"弱水三千，只取一瓢饮"。不要迷失在花花世界中，世界上有很多很多吸引眼球的东西，但不要被这些东西分心，只要抓住一件能让你开心的事去做就足够了。

所有权依恋症是归零"拦路虎"。

人们不愿意归零的主要原因是对所得的依恋,而依恋程度的强弱与许多因素有关,比如与得到的时候所付出的努力程度有关,得来越不容易的东西会越不愿放弃,而唾手可得的东西则依恋度低。哈佛大学教授麦克·诺顿把这一现象定义为"宜家效应"。无论什么属性的东西,一旦拥有,便有了所有权。一旦拥有了所有权,便不会轻易放弃。这与人贪欲的本性是相同的道理,贪欲是人的天性。无限攫取是人的天性使然,而要主动归零,心甘情愿地放弃则需要理性,需要智慧,因为归零是反人性的行为。从这个角度看,修炼归零思维的关键是修炼理性。越有智慧,归零的阻抗越小。

许多人刚住进新房子的时候,房子空空荡荡,随着时间的推移,房子空间越来越小,因为堆放的杂物越来越多。不穿的衣物,不看的书报杂志,不用的桌椅板凳,到处都是,堆满角角落落。许多杂物都是长期慢慢积累下来的完全用不着的东西,相当于废物垃圾,但就是不愿意清理掉,总是挪这儿挪那儿地保存着。有人认为这是节省过日子,有人认为是恋旧,其实就是所有权依恋症,不愿意"归零"。因为依恋,所以高估它们的实际价值。

有的所有权是实际所有权,有的其实是虚拟所有权。自认为这个东西属于自己,但其实并不具有真实所有权。不论是实际所有权,还是虚拟所有权,都会产生依恋心理。许多商家据此设计

第9章 归零思维:唯物主义的思维策略

营销策略,强化用户的黏性,比如设计签到打卡的奖励项目,游戏中设计等级打怪等。比如,让用户免费体验一段时间 VIP 服务,一旦用户习惯了,那么他就很难回头了。其实就是让用户通过努力或坚持得到某种所有权符号,增加了产品黏度。使用后付款也是商家依据"宜家效应"精心设计的促销策略,是虚拟所有权陷阱。当假定拥有一样东西的时候,就难以接受失去它,虽然实际上并没有真正拥有。所有权迷恋不仅仅局限于物质,也包括情感和权力等。情感和权力一旦拥有,要想主动放弃则是难事。

所有权依恋症是人性使然,说成人性的弱点也好,或者说成人性的缺陷也好,任何事物都有两面性,有积极的一面,也有消极的一面,具体情况具体分析对待。就归零心态而言,所有权依恋症无疑是一大阻力。弱化所有权依恋症主要靠自我认知的觉醒,想要修炼到所谓无欲无求的层次很难,但可以通过改造人生观和价值观,树立平常心态,感悟得失取舍的深刻道理,管理好自己的欲望,降低占有欲。

所有权依恋症导致心理归零阻抗,如果不能理性阻绝这种依恋心理,那么在依恋心理的作用下,常常会作出非理性的行为决定。比方说,马上放长假了,你和朋友约好一起去爬华山,提前一周就做攻略,买装备,想好了写旅行日记,在山顶拍照发朋友圈,甚至想到朋友们的点赞评论,怎么回复他们……对这次活动已经有了虚拟所有权。可是出发前一天,朋友突然告诉有事不能

去了，瞬间你的心情降到冰点。你不愿意放弃已经虚拟拥有的活动，决定即便独自一个，再孤独无味，也必须前行。

所有权依恋症导致的另一个心理就是过分关注"失去什么"而忽视"得到什么"。因为占有欲在起主导作用，对于丧失所有权很担忧，注意力就会忽视将会得到什么上。所有权依恋症还会导致另外一种怪诞心理，比方说，明明不需这个东西，但一看到商家打折促销，就蠢蠢欲动，自己给自己编造个理由去购买，感觉如果不买，自己就会吃亏似的。所以说，正确的取舍思维和得失观极其重要。

所有权依恋症在一些人身上还会导致同理心缺失的问题。有些人不但依恋可见的财产物质，也十分依恋自己的思想观念，总认为自己的想法就是对的，认为别人的想法也和自己一样。同理心的缺失导致无法换位思考问题，出现价值判断的明显偏失。这种心理会造成日常生活的被动，社会交往的逆阻，职场竞争力降低。这种人会有一种执念，就是总想把自己的观念强加于人，而且自认为是对别人好。

第10章

超常思维：老套路，难赚钱

　　超常思维有两种理解。一是指超常规思维，打破思维套路，出乎意料之外而又入乎情理之中，奇思妙想，富有创造性的思维。二是指超常智能，不借助常态感觉器官功能，不经过常规的逻辑思维，直接对信息进行处理，得到反映事物本质的结果。超常智能思维不同于运动思维、形象思维和逻辑思维，而是一种特殊的思维，与超常信息接收有密切联系，不借助分析归纳等普通的思维方法，直接对复杂事物做出正确判断，如特异运算、预知未来、追忆过去、灵感、意向感应等。超常思维是意元体的固有功能，意元体指人神经细胞（主要是脑细胞）的混元气融合而形成的一种具有全息性、反映性、记忆性、主动性、搜索性、独立性等特殊体性的混元气，是动物脑混元气发展到能够抽象形成概念并运用概念进行思维时的特殊称谓。常人的这一功能因闲置而丧失，需专门的训练和激发才能重新被开发。我们本章所讲是针对第一种超常思维，即超常规思维。

思维的力量
——财富是思维能力的产物

书写财富神话，必须超常思维

生活中，人们都感觉到赚钱很难，难赚是正常现象，要是赚钱不难就不正常了。本书的后面要讲两个超常思维的经典营销案例，为了能够更全面更深刻理解案例，在此之前，先讲一下为什么赚钱这么难，赚钱的本质是什么。

一、为什么赚钱那么难

下面列举了四个赚钱难的原因。

其一，因为难赚，所以珍贵。许多人尝够了赚钱的不易，一旦钱进到自己的口袋里，要让他再掏出来，哪能那么容易？你想要人家把钱从自己的口袋里掏出来放进你的口袋里，不是件容易的事情。

其二，竞争激烈。即便人家想通了，打算把钱从自己口袋里掏出来了，那么把钱给谁呢？想要钱的人很多，都在千方百计想尽法子争夺消费者手里攥着的那点钱。有那么多人竞争，能不累吗？

其三，购买欲望很难激活。营销人员要学习消费心理学，研究消费动机形成机制，消费欲望的激活以及强弱等心理问题。激活买家购买欲望需要很深的营销功底，需要具备丰富的相关知识和营销经验，需要有营销好点子。

其四，买卖双方信任难建立。这里所说的信任是狭义信任，专指买卖双方建立起来的信任感，不涉及其他类型的人际交往关系。信任感是完成买卖行为的必要前提，没有信任就没有买卖，就不会成交。但是现在的买卖信任感很难建立，信任门槛很高。不仅对商品本身的信任感难建立，与销售平台、销售员的信任感也很难建立。想要买家掏钱购买你的商品或服务，必须得建立信任感，而信任感的建立真的没那么容易。商品质量、性价比、营销员的个人魅力等因素都会影响到信任建立。

二、赚钱的本质是什么

钱是什么？钱就是商品交换的中间物，这个中间物是被所有人都认可的东西，相当于架在一条河流上的桥梁，河的两岸是各自的商品，通过桥就可以实现相互交换。

赚钱的本质就是拿到了过桥的通行证。没有钱就上不了桥，

就没法进行商品交换，拿不到需要的想要的东西。赚钱的目的就是为了换回自己需要的各种商品，拿钱换车、购房、享受美食……总之，不论是物质满足，还是精神享受，都需要拿钱去交换。

于是，我们得出第一个结论：金钱 = 商品。

古时候，在没有货币之前，人们采取以物易物的方式，换取自己需要的东西。这种方式有很大、很明显的局限性，因为人们的需求不同，只有相互之间正好都对对方的东西有需求才能实现以物易物的交易，而主要的情况不多见。解决这个难题的办法只有一个，即找到一个交易的中间物，后来就诞生了货币。货币最初是黄金银两的实物，因其操作复杂不便，再后来就有了纸币。如今社会发展到电子网络时代，数字货币的产生是必然趋势。不论是实物货币，还是纸币，还是电子货币，没有本质区别，区别仅仅是货币的形式不同而已。

商品化是社会存在的基本特征，拥有了商品的研发制造能力，相当于拥有了商品交换的最根本性的交换资本或交换权利。研发制造商品不是为了自用，而是为了通过销售换取金钱。

于是，我们得出第二个结论：商品 = 金钱。

广义的商品概念不仅仅指有形的产品，还包括无形的服务。商品经济社会中，几乎所有的资源都被商品化了，或者说，可以商品化。智力也可以被商品化，点子可以换钱。体力可以换钱，代驾可以换钱，跑路代购可以换钱……

于是，我们得出第三个结论：资源＝金钱。

那么，什么是资源呢？资源的概念很大，我们这里只从商业操作的层面谈资源，再具体一点的话，就是从生意人角度谈一下资源问题。归纳一下，这个层面的资源大概可以分为五大类：一是"人"的资源，包括劳动力、人脉、渠道（渠道由人构成）等。二是"名"的资源，包括口碑、影响力、知名度等。三是"技"的资源，包括技能、专利等。四是"投"的资源，包括稳定高回报的项目等。五是"资"的资源，包括各种资产、资金、物质等。

生意人要牢牢记住这几大资源，既然你们都那么喜欢钱，那我就把钱给你，而你们把资源给我。只有懂得这个道理，才能盘活资源进而操盘大项目，最终的结果是赚到了更多的钱。这就是聪明生意人的超常思维，也可以称其为财富超常思维，是打破思维定式的高级思维。

三、新手拿商品换钱，高手拿资源换资源

拿这样那样的一些商品换钱，赚取一点点差价，这是生意人的低级思维，也是绝大多数生意人的常规思维。高手不会这样赚钱，高手思维是用资源换资源。别人都在千方百计盯住钱的时

候,你只要客户基数、渠道、关注度、人脉关系、口碑、影响力等,把钱给他们好了。你得到了你最想得到的东西——资源。事实上,钱是死的,而资源是活的,资源的增值价值无可限量。资源换资源是聪明的生意人超常思维的理论基础,也是书写财富神话的超级理念。

比方说,假如看好一款植物油,准备做代理。接下来会怎么做呢?按照传统思路,开始花钱打广告做宣传,告诉人们这个品牌的植物油有多好,有多健康。招聘销售人员跑渠道跑市场,想办法把货铺到商场超市。投入了大把的钱,用了各种促销手段,最终发现产品卖不出去,因而非常苦恼。这时你或许会想找个很厉害的人跟你合作,可是你的生意是目前这个样子,真正厉害的人肯定不愿意和你合作,你没有钱去请人家给你打工。传统生意大都是这样的运作思路,也大都会遇到这样的窘境。拿着商品去换消费者的钱为什么会难做呢?其中的原因前面都分析过了。第一,人们都紧紧地捂着钱袋,在没有真正感觉到你的植物油有什么独特之处之前,他们不会随便买你的油的。第二,所有的生意人都在竞争,植物油品牌很多,别的品牌的影响力或许比你更大,人家更舍得投入做广告做宣传,你没有明显的竞争优势。第三,你很难跟顾客建立买卖信任,很难刺激消费者的购买欲望,因为你没有更新奇的营销思路和更有效的营销工具。传统生意之所以难做,问题出在思维水平上,思维仍然停留在老旧模式上,仍然停留在用商品去换钱的低级思维层面。必须要有超常思维，不要只想着怎么把商品卖出去，把钱从消费者口袋里掏出来装进自己的口袋。而是要转变思维把钱给人，你只要资源，有了资源之后，再用资源去换资源，用资源去撬动市场，只有这样的思维才能轻松地把市场做起来。

超前思维要把握好时机

在激烈的市场竞争中,机会以稀为贵,当众人一拥而上的时候,机会就已经不是机会了,至少不是什么好机会了。不但市场竞争激烈,而且利润也不可能高,因为市场压力之下,降价是促销的常规手段。那些有眼光的老板都是善于超前思维的人,先于人发现商机,先于人开辟并收割市场。当别人发现后跟进涌入时,聪明的老板已经赚得盆满钵满,已经做好抽身离开的准备了。吃完最鲜活的肉,把残渣剩饭留给后来涌入的人,又去探查新的"蓝海"去了。

早走一步,占尽先机。聪明人先知先觉,只会跟随的人后知后觉,愚钝者不知不觉。纵观商海风云际会,凡是有成就者,几乎都是先知先觉的人。

以生活用纸为例:早在20世纪90年代,"金红叶"开始做点对点压花处理，等别的企业跟进时，"金红叶"已赚到盆满钵满。"金佰利"做三层纸开始占领市场盈利的时候，别人都还蒙在鼓里。2000年，"福建恒安"预测未来10年内，软抽面巾纸会替代盒抽面巾纸，很多人说怎么可能？结果证明预测是对的。

20世纪80年代，人们嘲笑那些和"下海"的人，后来这些人成了改革开放后第一拨富起来的人。20世纪90年代末，人们不解地看着那些炒股人，没想到他们中间诞生了许多"钱百万"。2000年左右，投资人不相信互联网，而那些坚持下来的都成了大咖。

1947年，美国贝尔实验室成功研制出世界上第一个晶体管放大装置，可将音频信号放大上百倍。科学家肖克里在对晶体管进行研究的基础上，推出了PN结型晶体管，西方电器公司将其用于制作助听器，仅此而已。盛田昭夫敏锐地预测到晶体管的重大意义，宣称晶体管将会为世界微电子工业领域带来一场惊人的革命。1953年，他力排众议，以2.5万美元买下晶体管的专利。1957年，索尼成功研制出世界上第一台可装在衣兜里的袖珍晶体管收音机。首批生产的200万台收音机，一投放市场就销售一空。索尼公司一鸣惊人，名扬全球，带领着日本微电子工业在全球风光了数十年。

不过，超前思维要把握好时机，太超前的话很难成功。在没有市场的时候，培育市场需要付出巨大成本，代价高昂。只有在

"蓝海"市场即将苏醒的时候,快人半步进入,这时候是最恰当的时机。黎明前进入,要不了多久,就能看到朝阳。假如半夜进入,甚至前半夜进入,要想看到朝阳就需要等大半个晚上。

超常思维是怎样炼成的?

超常思维能力是天生的吗?不是。不能说与先天遗传基因一点关系都没有,但主要是后天的学习和锻炼。人从小到大,一直在成长,经验越来越多,知识越来越丰富,靠的不是遗传,而是后天社会实践过程中的学习和锻炼。

决定一个人能力强弱的关键因素是学到的各种知识和积累的各种经验,最深层次的因素是一个人的思维能力。思维能力是成长进步的发动机,不但是动力源,而且还是方向盘,思维决定发展的方向。凡有大成就者都具有超常思维能力,常规思维只能是常规的人生。超常思维能力强的人他们思维极其敏捷,观点极其独到,所思所想就是与众不同,观点富有创造性。同样的问题,总能琢磨出别人想不到的新奇点子和绝妙见解。

研究那些大企业家,他们的成功与超常思维能力紧密相关。

他们的思路就是与一般人不一样,正因为思维不一样,才走出了一条别人走不了的成功之路。超常思维是他们成功最主要最核心的基因或密码,是他们与众不同的本质特征。超常思维是非常规、非线性、创造性的思维,是打破了僵化心理定式和认知习惯的思维。有的人头脑灵活、机敏、迅捷,头脑中不断冒出新点子、新观念、新想法,总有这样那样的发明创造;有的人僵化、呆板、迟钝,墨守成规,按部就班,只会按常规想,做常规事,默默无闻,平平庸庸。他们之间的区别不在其他,而在于思维能力的差别。

一、学习思维知识,奠定理论基础

要想增强超常思维能力,首先必须学习有关人的思维的科学知识和理论。假如连什么是思维,有哪些类型的思维方式,类似这样的基本问题都不知道,那么如何打造超常思维?建高楼大厦,首先要打牢地基,这是基本道理。总之,要对有关思维的方方面面的理论知识做到比较了解。比方说,问题导向思维与目标导向思维有什么区别?辐射思维与辐集思维是什么样的思维?逻辑思维与形象思维的联系与区别是什么?类似这样的有关思维的理论知识必须要学习掌握,不然想提升超常思维能力无异于海市蜃楼。

二、深刻理解问题,缜密分析思考

深刻理解问题、缜密分析思考是培养超常思维能力的重要因素，也是基础因素。深刻理解问题，就是说要把问题搞清搞透，了解问题的方方面面，而不是盲人摸象。只有融会，才能贯通。不但要了解掌握问题本身的方方面面，还要考察与之相联系的种种人、种种事、种种问题。不但要扩展了解问题的广度，还要深挖问题的根源。思维的深刻性指善于从纷繁复杂的表面现象中发现最本质最核心的问题，而不被各种表面现象所迷惑。问题烂熟于心，思维才能合纵连横。对问题本身就含含糊糊，不甚明了，怎么做超常思维？

缜密就是思维逻辑上的周延，每一步分析推断都要有理论依据，不能凭感觉，不能凭空想象。理解问题相互之间的联系性，分清主次，抓主要矛盾和矛盾的主要方面。用严谨的逻辑关系搭建思维框架，进行体系性的思维。这是锻炼思维能力的基础功力，如同学习书法过程中的联系楷书，如同练习武术过程中的蹲马步。学习跑之前，先练好走。欲速则不达，万丈高楼平地起，基础性的思维功底很重要。

三、突破思维定式，敢于大胆尝试

要立新，必先破旧，从传统思维定式中解脱出来，摆脱权威思维定式的束缚。不要把犯错绑定在无能和愚蠢的思维柱上，要敢于突破，用于尝鲜，不怕犯错误，有胆量试错。不要对犯错有恐惧感，不要把犯错看成洪水猛兽，错误是正确之母，为了最后的成功而付出错误的代价是值得的。只有不怕犯错,才能彻底突破自我。错误是通向成功的入口,努力善想善做善成,同时也要认识到出错是思维常态,没有不犯错的圣人。

四、提问和想象是脑洞大开的金钥匙

善于联想,敢于幻想,不断提问可以激发思维灵感和创造力。爱因斯坦说:"提出问题比解决问题更重要。解决问题仅仅是数学或实验技能而已,而提出新问题却需要有创造性的想象力。"不断提出问题,思维就会越来越深刻。提问题的过程也是集中精力思考问题的过程,不专心思考,就不可能提出有价值的问题来。不断提问可以开阔思路,不会陷入人云亦云的定式思维泥潭。在不断提问中,思维就会被引领到正确的方向上。

五、永远不做大多数,始终求新图变

人类发展史就是思维创新的历史。超常思维是创新的基石,创新是超常思维的表现。如果抱着"羊随大溜不挨打,人随大溜不挨罚"的心态,因循守旧,不敢不愿做少数派,就不会有奇思异想。一成不变的心灵是封闭的心灵,不求新图变的思维是僵化的思维。只有求新图变,才能提高超常思维能力。

案例：超常思维模式下，如何卖米？

下面我们以卖米为例，讲解如何用资源来撬动市场。假如卖掉100斤米，毛利15元。这是传统的赚钱模式，也就是卖米赚差价。资源换资源的超常思维就不能仅仅盯着这么一点小利润，不赚这15元的毛利，而是用这15元买赠品。推出买米送赠品活动，买200元米送99元的赠品。这99元的赠品是怎么来的呢？本来卖掉100斤米，只有15元的毛利，那么卖掉200斤米，毛利就是30元。把这30元的毛利转换成99元的赠品，价值放大了3.3倍。这样下来卖掉200斤米，没有赚到一分钱，但是收获是什么呢？收获就是快速撬动了消费者这个宝贵的资源。不是把赚到的一点点毛利揣进自己的口袋里，而是将30元毛利的价值放大之后回馈给了消费者，以此换来人气资源。

好多店家都卖米，但是别的店都是传统经营模式，而你推出

这样的活动，买 200 斤米返价值 99 元的赠品，很实用的实实在在的赠品，人们一定蜂拥而至。人都不能理解你为什么这样，因为明摆着一分钱都不赚，图啥？要是按照传统的常规思维，当然看不出头绪。而按照超常思维，这正是想要的结果，就是以商品（米）换消费人气这个难得的资源。消费者赚到实实在在的便宜，你也赚到了人气。

这个促销活动有一个很重要的规定，就是只有会员才能享受 99 元的赠品。那么，怎样才能成为会员呢？门槛很低，就是只需花 39 元就能成为会员。这 39 元也不是白花，而是送 39 元的会员纪念品。纪念品是很实用的东西，比如袜子等。既然能这么便宜买到米，办会员也不是白花钱，这种实实在在的诱惑一般人都无法抗拒。接下来，思考的重点就是如何让更多的人来办会员。可以运用口碑营销原理，另加成绩激励，让已经成为会员的消费者变成你的义务推销员。只要拉来一个人办会员，就再送一份 39 元的奖励物品。这么算来，自己办个会员，又拉来一个会员，能拿到价值 78 元的礼品。

39 元的会员纪念品及拉人入会奖品是这样操作的：以很低的价格找厂家定制，市场价值是 39 元，但批量购买的价格 10 元左右。那么，我们来总体计算一下。一个会员又拉来一个会员，这两个人送出去 3 份礼品，而他们二人的入会费是 78 元。收入的 78 元减去购买礼品的成本 30 元，净赚 48 元。办两个会员赚

第10章 超常思维：老套路，难赚钱

48元，也就是说，每办一个会员就能赚到24元，办10个会员赚240元，办100个会员赚2400元……这些钱就是卖米的利润。转了一圈，真正的利润并不是这些钱，而是得到了黏性很高的固定客户，这才是最大的长期利润。

卖米的超常思维至此远未结束，才刚刚开始。按照常规思维，礼品放在店里面。而超常思维下，礼品不能放店里，而是放在继续客流量的某个地方，如商场或超市等。礼品放在那儿，让买米的及办了会员的消费者去那里取赠品。当然，必须考虑到取赠品的便利性。这样一来，就可以顺便帮到了别的商家，为他们引流，提升了他们的人气。许多商圈或商场会花钱请人策划引流活动，免费给他们引流，他们肯定很乐意。本着互惠互利的基本原则，可以找他们谈谈，钱可以不要，但也不能白白帮忙，让他们提供一个既能摆放赠品又可以做一下广告的广告位就可以了。不要钱，就要资源，这个广告位就是资源。免费为他们引流，要一个小小的广告位，这样的要求应该没有什么问题。除了得到广告位这样的资源，同时借此结识到商场商圈超市的操盘手等，得到了新的人脉资源，提高了你的影响力。或许会由此进入到他们的圈子里面，结识到更有能量和价值的人上。

前面计算过，办一个会员赚到24元。可以与慈善机构或养老机构联系，从这24元中拿出2元捐助他们。钱虽少，但爱心是真的。从一开始，就把慈善作为事业来做。日积月累，不但提

升了自己的修养水平,彰显你的大爱情怀,也提升了你的美誉度。当然,做慈善要真诚地去做,不要冲着美誉度去做。

至此,已经获取了许多资源。会员越来越多,人脉越来越广,影响力越来越大,美誉度也越来越高……这时候,已经有资本去谈更好的项目,比如代理更厉害的商品等。资源继续汇集,好项目主动找上门来。这些资源中,就包括比较厉害的运营人才和操盘能人。在他们看来,你也成为他们的高价值资源了,他们也就很愿意和你合作。既有好项目,又能吸引来厉害的能人,只需要执行和运营就可以了。找到一种适合的合作模式,推出股权激励机制,用股权分红实现利益捆绑,责任共担,权利共享。各种资源被你整合在一起,生意红红火火地做起来了,前景一片光明,前途无限。

做到这个阶段,万事俱备只欠东风,这个东风就是拉投资,也就是融资。融资对象当然是那些有钱人,你可以利用各种人脉关系,通过项目路演、公司视频等方式,广为宣传。现在有闲钱的人不少,只要你操作得有板有眼,有吸引力,不愁找不到投钱的人。一旦投资进来,就可以大踏步发展了。形成良性循环之后,好项目和高端人才就会被自动吸进来。有了好项目,有了人才,公司就会快速发展起来。

回顾以上环节,每一个环节都不是与人抢市场,而是在用资源换资源。再想想那些卖货赚差价的思维模式,可以说是天地之差。超常思维的魅力和价值就在于此，视金钱如粪土，拿资源换资源，整合各种资源撬动市场。

归纳起来，大概是"八大步"。

第一步，卖米送礼品，不赚钱，只撬动关注度，拉升顾客基数，称为平台思维。

第二步，低门槛、送礼品来打造会员机制，建立会员模式。

第三步，会员拉会员，这叫裂变思维。

第四步，免费帮别的商家引流，撬动人脉资源，扩大影响力，这叫资源互换思维。

第五步，积极做慈善，提高美誉度，这叫公益营销思维。

第六步，利用既有影响力撬动优质项目，这叫项目整合思维。

第七步，利用影响力吸引高级人才，这叫人才整合思维。

第八步，利用人脉关系、线上线下平台，推介宣传，拉资金，这叫融资思维。

案例：如何用零成本撬动广告市场？

广告公司为了搞定客户，常规操作是拜访、请客吃饭、搞关系、打价格战……忙活得晕头转向，还是搞不定。尤其是那些优质大客户，要搞定更难。症结就是陷入了拿产品换钱的低级思维泥潭。停留在这个维度，广告公司不死也瘫。假如提升思维层次，将思维上升到资源换资源的超常维度，那么就会进入"问渠那得清如许，为有源头活水来"的顺境。

在广告公司眼里，房地产开发商是绝对的优质客户。那么，就对开发商讲，我不要你的钱，不收任何广告费，免费为你做楼盘宣传推广活动。不出一分钱，免费做广告？开发商当然没有拒绝的理由。广告公司便为这家开发商策划了一场楼盘宣传抽奖活动。抽奖用的奖品哪里来呢？找家居建材市场的老板谈。告诉他们，我们公司要为某楼盘开售举办一次大型活动，届时会有很多购房人和准购房人来参加。这些人将来都要装修，装修就得买各式各样的装修材料。你们想不想借这个机会宣传一下自己的产品？活动有抽奖环节，你们能不能提供一些奖品？这样的话，他们对你们的产品会有更深刻的记忆。活动中，你们可以打自己的品牌广告，不收一分钱的广告费。家居建材商家能不同意吗？提供一点奖品，为以后的准顾客做宣传，得远远大于失，肯定同意。

活动现场准备 1000 瓶饮料，免费提供给参加活动的人员饮用。饮料哪里来呢？找饮料代理商谈。尤其是找饮料新品商家，他们急于抢市场，需要大力宣传，正发愁以什么方式做广告。1000 瓶饮料也就几千元，他们不会拒绝。让他们出几个人力，摆放发放等由他们自己操作，活动现场自己给自己做宣传。为前来参加活动的人员免费提供饮料，既丰富了活动的形式和内容，也提升了活动的质量。

活动之前，印制 2000 张兑奖券，在附近找人流密集的区域，发放出去。2000 张兑奖券发出去，经过口口相传，届时至少能来几千人参加活动。兑奖券上除了说明活动时间地点等基本情况，还要醒目标注中奖率达 60%。

整个活动以文艺表演为主线，中间穿插其他活动内容，比如，抽奖、与观众互动等。文艺表演可以联系一个或几个艺术培训学校，因为他们要在社会上招生，就有广告宣传的迫切需求。

彼此需求，就可以达成合作。

凡是有券的参与者，不论有没有中奖，都可以凭券去指定的饭店消费，将享受到顶级优惠。你为饭店引流，不要他们一分钱，只要求为你提供3桌饭菜，你用来请与广告业务相关的公司和人。假如能联系到5个这样的饭店，那么就是15桌，每桌10人，总共能请150人。这些人都是广告公司的客户或准客户。

整个活动下来，广告公司没有花费一分钱，但是积累了大量资源。签约房地产公司的广告制作没啥问题了，另外，那些家居建材、饮料代理商、培训学校、饭店以及相关商家的广告业务也都拿到手里了，成为广告公司的客户和准客户。资源换资源，不花一分钱，一盘死棋硬生生被你下成了活棋。参与各方都受益，广告公司受大益。

总结一下。

第一步，用活动资源换房地产广告业务，这叫活动置换。

第二步，用活动资源交换家居建材的奖品和广告业务。

第三步，用活动资源交换表演资源和培训机构的广告业务，叫宣传置换。

第四步，用活动资源交换饮料代理商的饮品，来交换参会者满意度资源。

第五步，奖券引流交换饭店老板广告资源和与之相关的资源，这叫人际嵌入。

广告业务就这么简单，根本不需要什么关系，不需要打价格战，用资源换资源的超常思维就行。在你的操盘之下，整合各方资源，共享活动红利，一盘棋就下活了。假如当房地产开发商都按照这样的思维操作，广告公司的发展前景一片光明。这是传统的广告公司运营思维所不敢想象的，天壤之别。这就是超常思维的魅力。

第 11 章

利他思维：回报后置的智慧

自私自利者必然短视、急功近利、斤斤计较、胸怀狭小，援助者会越来越少，路会越走越窄。当初与360竞争的有一些知名品牌，那时360市场份额每年大概两亿元人民币。360老总周鸿祎果断放弃两个亿的收入，软件免费使用，让利于消费者。利他的结果获得巨大的利益回报，360迅速跃升为最大的安全系统平台。

利己思维是人之本性，利他思维是高级智慧。利他思维主动性、自觉性的强弱程度与个人的道德修养成正相关关系，道德水平越高，越会从利他的角度来思考问题。

不过视利他思维为营商技巧的大有人在，这种人虽然从利他的角度思考问题，但不论是主观动机还是客观目的都是以利己为出发点。对于这些人而言，利他思维仅仅是遮挡舞台的帷幕，标

榜虽然是利他,但演唱的则是利己大戏。

我们无法从道德的高度来看待商人的利他思维,因为商人之所以是商人,是以赚钱为目的的。

商业属性的本质就是利己主义,不过需要指出的是这个"己"不是点的概念,不是仅仅代表自己,而是圈子的概念。比方说,倘若依据社会关系亲疏程度来区分,那么圆心就是自己,外圈是家庭,再外圈是亲朋……若从地域角度区分,那么圆心仍然是自己,再往外依次是家乡、村镇、县城、省份、国家……

严格来讲,所谓的自私自利或大公无私之类的说法必须框定前提才有确定的意义,否则不好明确界定所谓的"公"或"私"究竟指什么。一经这么分析,我们就对利他思维有了更为清晰的认知,便于分析讲解本章节下面的问题。

深度解析利他思维的"四个内核"

时代进入数字化时代,无疑是好事,但问题也来了,比如说,出现了给众多老年人带来不便和困扰的所谓的"数字鸿沟",他们不会操作智能手机用于线上支付。据报道,有一位94岁高龄的老年人被人抬着做银行智能终端的人脸识别。拥抱新科技不是问题,问题是有关单位不能只有利己思维,在利己的同时一定要站在客户用户的角度思考问题,要有利他思维的意识。针对老年人遭遇到的"数字鸿沟"问题,国务院专门制定下发了《关于切实解决老年人运用智能技术困难实施方案的通知》,要求"在各类日常生活场景中,必须保留老年人熟悉的传统服务方式,充分保障在运用智能技术方面遇到困难的老年人的基本需求"。

不论是新技术的运用,还是其他什么,都要有利他思维的意识——意识到利他思维的重要性和必要性。尤其是企业管理的各

个层面都要有利他思维意识,倘若每个人都陷入到利己思维的深潭,那么企业绝对没有发展前途。有些企业提出逐级向下服务的口号,这就是典型的利他思维在企业内部管理中的运用,效果自然十分好。向下服务的能量汇聚到一线营销员工身上,一线人员自然会把利他思维的能量传输到客户身上,客户服务的质量会得到极大的提升,企业的品牌自然会越来越有影响力。

一、利他思维其实是开放性思维

利己思维是向内思维,是封闭式思维,而利他思维是向外思维,是开放性思维。一个向内,一个向外,这是二者之间的根本区别之一。

《宋清传》说:"取利远,故远大。"

只盯着眼前那点蝇头小利,与己似乎利益最大化了,其实是鼠目寸光的低智表现。学过物理的人都知道"熵增定律",这是一个热力学定律,指热量从高温物体传递到低温物体,这个过程是不可逆的。孤立系统总是趋向于熵增,最终达到熵的最大状态,也就是系统的最混乱无序状态。但是,对开放系统而言,由于它可以将内部能量交换产生的熵增通过向环境释放热量的方式转移,所以开放系统有可能趋向熵减而达到有序状态。

熵增的热力学理论与概率学理论结合,产生形而上的哲学指导意义:事物的混乱程度越高,则其概率越大。现代科学还用信息这个概念来表示系统的有序程度。信息本来是通信理论中的一个基本概念，指的是在通信过程中信号不确定性的消除。后来这个概念推广到一般系统，并将信息量看作一个系统有序性或组织程度的量度，如果一个系统有确定的结构，就意味着已经包含着一定的信息。这种信息叫作结构信息，可用来表示系统的有序性；结构信息量越大，系统越有序。因此，信息意味着负熵或熵的减少。

不要只盯着自己的利益，还要考虑到别人的利益；不要只盯着眼前的利益，还要考虑到中期利益和长远利益。如果没有外力做功，孤立封闭的系统必然会渐渐走向混乱，要不断对抗熵增才能保持正常的秩序。利他思维可以缓和或消除主客体之间的矛盾冲突，有效提升对抗"熵增"的能力，维护良好秩序。

二、利他思维其实质是共享思维

利己思维必然走向封闭，因为你是利己主义，别人一定不会给你让利，你的封闭系统必然处于"熵增"的无序状态。

共享性是利他思维的实质，不要指望在利己主义价值观之下，还妄图能从外界获取高能量。极端自私的利己主义思维令所有人厌恶，因为它违背了人类的基本道德观和价值观。老子在《道德经》讲："水善利万物而不争，处众人之所恶，故几于道。"水的包容于利他特性决定了它"几于道"。家国如是，开公司做

企业也是一样的道理。企业老板要时时刻刻向"水"学习，学习利他思维，发扬共享精神。

三、利他思维其实质是共赢思维

利己主义的企业越来越没有出路，有前景的企业一定是利他主义企业文化。不要只是琢磨如何把别人的钱从别人口袋里掏出来放进自己的口袋里，而要琢磨你能为客户提供什么价值。再自私的人或者企业，都必须明白一个道理，即便你的出发点是利己，也必须从利他的角度考虑问题，以互利共赢作为出发点，才能实现利己的目的。

四、利他思维其实质是赋能思维

己所不欲，勿施于人；己之所欲，施之于人。利己主义是耗能思维，消耗的是别人的能量，同时更多或者最终消耗的是自己的能量。只有利他思维才是赋能思维，利他思维于人于己输出的都是正能量，于企业运营的整个系统也都是正能量。

管理学大师德鲁克说，管理的本质就是激发员工向善的力量。这话绝对是对的，但不全面，除了向善，还要激发向真向上的力量。利己主义思维和做法激发的是向恶向假向下的消极力量，是在耗散企业的能量。只有利他氛围下的企业文化，才能赋予员工正能量，强化员工积极的自我驱动力。不论做人还是做

第 11 章 利他思维：回报后置的智慧

事，都要懂得厚植自己而后施之于人的道理。越是利他，最终结果就会越是利己。在商业竞争环境中，抱有利他之心，多行利他之事，迟早会获得能量的反刍回报，必将迎来更广阔的发展前景。

稻盛和夫：利他思维的践行者

讲到利他思维，就不能不提稻盛和夫。全球知名大企业家中，能够始终如一明确践行利他思维的人恐怕不多。许多企业家或多或少也都有利他意识，但都不是主轴意识，绝大部分属于自利利他主义者，不是纯粹的利他主义。而稻盛和夫则是自觉的利他主义者，这从他的人生经历中看得十分清楚。

稻盛和夫不但是在商业领域取得巨大成功，创建了2家（"京瓷"和"第二电信"）世界500强企业，而且在教育、思想、慈善等领域也作出了贡献。稻盛和夫构建了"利他哲学体系"，他的一生是践行利他思维的一生，利他是他的人生哲学。《左传·襄公二十四年》："太上有立德，其次有立功，其次有立言，虽久不废，此之谓三不朽。"人的一生能"三不朽"者少之又少，稻盛和夫即是其一。稻盛和夫说："无论是幸福美满的人生，还是成功经营企业,一切都来源于我所倡导和实践的利他哲学思想。只要认真学习和实践这种利他思想,任何人都能幸福美满。"

一、利他思维是"京瓷"成功的第一推动力

二战后,日本经济开始复苏。但在"自利利他"思维的影响下,日本企业的劳资双方产生严重的矛盾对立。对此,稻盛和夫有切身感受。创建"京瓷"第三年,发生的劳资争斗让稻盛和夫不得不痛定思痛。不久,稻盛和夫按照自己的利他思维,将"京瓷"经营理念由原来的"让自己的技术发扬光大"修改为"在追求全体员工物质和精神两方面幸福的同时,为人类社会的进步发展作出贡献"。

比起西方企业"追求股东利益最大化"这样的赤裸裸的利己诉求,"让自己的技术发扬光大"显得含蓄许多,不过即便含蓄,实质上依然是利己思维。修改后的"追求全体员工物质和精神两方面的幸福"指向十分明确,不是利己而是造福员工;"为人类社会的进步发展作出贡献"指向人类社会而非股东。

利他主义成为"京瓷"企业文化的核心,统领着"京瓷"一切经营活动。从含蓄的利己主义到纯粹的利他主义,"京瓷"文化实现了质的升维,企业发展的指导思想、企业行为的逻辑关系、组织架构的思维基点等都发生了根本性改变。毫无疑问,利他思维成为"京瓷"发展的第一推动力,成为"京瓷"一切商业

活动的起点和终点。理念180度的变向从根本上改变了劳资双方的关系，在企业发展方向上达成一致，彻底摆脱了利益的冲突对抗，博弈关系变成了合作共利关系，从而爆发出强大的生产力。

利他思维成为"京瓷"的企业文化核心，不但改变了企业的追求方向，也改变了员工的价值观，思想实现了双面升级，把劳资双方从各自的利己私欲的桎梏中解放了出来，形成空前强大的合力，爆发出推动企业前进的巨大能量。意识形态的升维很快促动企业组织体系的升维和企业行为的升维，不一样的"京瓷"由此诞生。初创时的"京瓷"是个街道小厂，这艘小船在商海中风雨飘摇，直到被稻盛和夫挂上利他主义的风帆，"京瓷"便乘风破浪，最终成为世界500强企业。"京瓷"增长率和利润率常年保持在10%左右，保持着从未亏损的纪录。时至今日，"京瓷"仍然是一家极为优秀的公司。

二、DDI是稻盛和夫利他思想的一次实验

"自利利他"与"利他自利"虽然仅仅是字词顺序的不同，但意涵却有根本区别。"自利利他"的出发点是"自利"，而"利他自利"的出发点是"利他"。稻盛和夫在创办和经营"京瓷"的过程中，深刻领悟到了"利他自利"这一企业经营理念的真谛，并将其运用到了日后的所有经营行动当中。

刚创办他的第二家企业DDI（现KDDI，第二电信公司，稻

盛和夫创办的第二家企业）的时候，他在长达半年的时间里反复追问自己："动机是否至善，是否了无私心？"在与竞争对手的谈判中，他大幅度让步。他把企业股份全部给予员工，自己不持股份。后来由于上市后的投资问题，他在二级市场自费购入少量股票。他的这种纯粹的利他主义思想极大影响了人们对于 DDI 的品牌认知，无形中提升了品牌影响力。

DDI 起步的时候，在行业内处于绝对劣势地位，但最终却兼并了另外两家竞争对手，并成为日本第二大电信公司，DDI 的胜利是利他主义的胜利。稻盛和夫说："在通信领域，我没有知识，没有技术，一无所有。在这个领域内，如果说我还能挥动着令旗带领公司能取得成功，只能证明利他哲学的威力。仅仅依靠哲学能成就事业吗？为了证明这一点，我创建了 DDI。我要用自己的后半生做一次实验，证明利他思维的力量。"

三、重建"日航"：领导者思想升维，推动企业文化升维

2010 年，"日本航空"破产。"日航"极度官僚化，积重难返，有人将"日航"称为"魔鬼的殿堂"。应政府请求，稻盛和夫临危受命，重新出山，着手拯救这家亚洲第一、全球第三的航空公司。时年，稻盛和夫已年近八旬。

对于"日航"重建，社会舆论一片看衰。媒体连篇累牍报导其负面消息，几乎所有人都认为重建不可能成功，必定会二次破

产。假如你是稻盛和夫,你会如何选择?稻盛和夫的选择是迎难而上,毅然接受"日航",全身心投入"日航"重建工作中。他相信自己,他坚信利他思维,他要让"日航"重新起飞。

接管"日航"后,稻盛和夫是这样做的。

一是零薪担任董事长。稻盛和夫是员工爷爷或父亲一辈的人,为"日航"重建冒个人名誉风险,不领一分钱,这对于全体员工是很大的震撼和激励。

二是宣布并践行赴任的三条"大义":第一,为了保住留任的3.2万名员工的饭碗;第二,为了给低迷的日本经济重振助一臂之力;第三,为了保持航空业的竞争态势,让日本国民有选择航空公司的权利。

三是将"日航"的经营理念修正为"追求全体员工物质和精神两方面的幸福"。他始终认为,"只要你爱员工,他们就会爱顾客"。

四是编制并推行《日航哲学手册》。指明"日航"的思维方式和经营活动哲学依据。

五是制定每月一期干部学习会制度。对各级领导进行精神洗礼,改革官僚体系。

六是规定每个月召开一次员工大会,凝聚人心,统一思想认识。出任"日航"董事长致辞时,稻盛和夫表示:"企业最重要的财产就是员工的心。如果每名员工都能发自内心地盼望重组、发自内心地配合,我坚信这个企业就能持续发展。"

七是一线发动,率先垂范。每当看到年近八旬的稻盛和夫搭乘"日航"航班,都坐经济舱,乘务员感动得热泪盈眶。

八是利用"盛和塾"的巨大影响力帮助"日航"人重塑信心。稻盛和夫创办的"盛和塾"成为"日航"重建最大"外援团"。一方面,"盛和塾"当时已经会聚 6 000 余名塾生,分布在世界各地。另一方面,尽管"日航"的多数主管并非"盛和塾"的塾生,但"盛和塾"的研讨会依然向他们开放。

一年之后,奇迹发生了。"日航"不但起死回生,而且创造出企业史上的最高利润,这个利润也是当年全球航空业的最高利润。"日航"重整旗鼓,公司重新上市。时至今日,"日航"仍然在全球航空业界遥遥领先。稻盛和夫自己也这样说:"日本航空重建是我 54 年经营人生和企业的集大成之作。"

"日航"重建成功,稻盛和夫总结的五大原因。

第一,确立全新的经营理念。

第二,以利他哲学为基础的意识改革。

第三,导入阿米巴经营模式。

第四,推行"为世人,为社会"的思想。

第五,企业领导人无私的姿态。

四、利他思维:动机和过程决定结果

稻盛和夫从创办第一家企业开始,就坚持把"作为人,何谓正确?"作为判断一切事物的基准。他不以"利害得失"而以"是非善恶"作为经营事业的目标,不以"是否利己"而以"是否真正利他"作为判断一切的准绳。"京瓷"、KDDI、"日航"这三家企业的经营理念都是从这个判断基准中衍生而来的:前半段指向利员工,后半段指向利社会。从客观结果来看,利他理念在"利"员工和"利"社会的同时,也真正"利"了客户、股东和经营者,形成了一个"利他自利"的良性循环系统。

稻盛和夫经常引用20世纪初期的英国哲学家詹姆斯·艾伦的一段话:"心地肮脏的人因为害怕失败而不敢涉足的领域,心灵纯洁的人随意踏入就能轻易获胜。"以纯粹利他之心作为基准,就能摆脱私欲的桎梏,站到更高维度来观察、思考、行动,甚至预测未来。稻盛和夫深刻洞察到这一因果规律,所以敢于做出这样的论断:"我坚信,只要动机是善的,行动的过程是善的,就不必追问结果,因为结果必定成功。"

所谓利他,就是道家讲的善,儒家讲的仁,阳明心学讲的致良知。利他思维使人性闪耀良善的光辉,深度凝聚人心,系统性地汇聚强大的奋进的能量。不过质疑利他主义的人也不少，认为在严酷的商业竞争中，利他不利己，能经营好企业吗？稻盛和夫认为，正因为商场充斥着竞争，所以"体谅他人之心"才显得十分重要。利他之因最终必然会结出利己之果。

五、利他思维"降维打击"利己思维

降维打击之说出自中国科幻作家刘慈欣的经典作品《三体》一书，外星人使用"二向箔"将太阳系由三维空间降至二维空间，以便易于有效攻击。后指改变对方所处环境使其无法适应，凸显己方优越性。该词在商业领域快速传播，高端技术群体进入低端技术群体领域，形成对后者碾压式的竞争优势。

稻盛和夫以利他思维领导着"京瓷"、KDDI、"日航"，面对那些坚持利己思维的竞争对手，形成巨大的优势。尽管稻盛和夫极力反对刻意打击竞争对手等损人利己的行为，但事实上，面对利他思维，利己思维自然受到降维打击。他所领导的企业在利他思维的导引下实现了思想体系和管理体系的升维，企业竞争力得到极大提升，客观上也就导致竞争对手遭到严重挤压并逐渐衰退甚至消失。

六、利他思维是事业成功和人生美满的可靠保证

当今世界，利己主义泛滥成灾，企业眼里只有钱，老板眼里

只有私利，争钱夺利无所不用其极，导致劳资矛盾加深，耗损企业能量。稻盛和夫构建利他主义思维体系，彻底颠覆了利己主义企业价值观，实现了思想升维。那些仍然陷于利己主义思维的企业，需要深度思考和借鉴。只有利他思维，才能造就事业成功和人生幸福。

1983年，出于"希望帮助中小企业经营者"的利他动机，稻盛和夫创办公益组织"盛和塾"。如今，在"盛和塾"学习的企业家超过16 000人。"塾长"稻盛和夫在无私帮助他人的过程中，也使自己的人生更加幸福美满。

利己诉求是对私欲的无限释放，导致危及人类生存的危局，核武危机、环境破坏、地球变暖、资源能源危机……人类面临生存危机，无不与私欲膨胀有关。稻盛和夫积极倡导内向关照，而不是向外索取。他在《思维方式》一书中写道："宇宙中存在着推动一切事物向着更好方向发展的意志。当人的所思所想、所作所为，与宇宙的意志波长相一致时，人生就会向好的方向发展。如果持有违背宇宙意志的利己之心，逆宇宙的潮流而动，就无法得到好的结果。"他经常思考这样一个问题："作为人，何谓正确？"他一直在思索调整着衡量事物的标尺，他提出并构建了利他哲学体系。

"不畏浮云遮望眼，只缘立身在高层。"利己主义低位思维必然一叶障目不见泰山，利他思维格局更大，站位更高，看得更远。经营企业需要利他思维，为人处世也需要利他思维，面对人类的种种问题，更需要利他思维。利己思维→自利利他→利他自利→忘我利他→无我利他，是思想观念不断升维的过程。思想升维是事业成功的可靠保证，也是人生幸福美满的前提。

思维的力量
——财富是思维能力的产物

自利利他思维的致命弱点：导致严重低效

不可否认，目前普遍存在的"自利利他逻辑模型"虽然具有一定建设性，但其弊端也是一目了然，这个弊端就是导致严重的低效。低效机理是这样产生的：自利是所有人的思维动机，也就是行为的出发点，所有的想法都是为了达到个人私利的目的。所有人都为了自己的私欲而行动，自然就会导致为了抢占各自的私人利益而产生冲突和争斗。争斗的过程是拼实力的过程，也是利益适度退让的过程，一定程度上要允许对方得到一些利益，这就在客观上有了利他的结果。这种利他的客观结果必须通过多元对抗博弈，依据丛林法则，最终取得整体的暂时的平衡状态。在这种模型之下，争斗不可避免，争斗是建立新的平衡的手段。平衡被打破之后，再次进入下一轮的争斗。循环往复，无休无止。这就必然导致能量耗散，运行效率降低，这属于高碳逻辑模型。

在这种模型之下的企业，想要维持体系运行，就必须要掠夺外源性的能量。也就是说，不损害和剥夺外部利益，就无法实现利己的目的。

以"自利利他逻辑模型"建立起来的企业不可能避免劳资对立的矛盾，不可能逃脱多元对抗的老一套。我们的企业和企业家需要静下心来认真思考这一问题。

"自利利他逻辑模型"下的企业，基本理论前提是"人都是自私的"，"每个人都在追求私利的最大化"。因此，企业的使命就是为股东而追逐利益最大化。没有外源性输入，他们也就难以获取更多利益。日积月累，矛盾积攒到一定量的时候，就会爆发激烈对抗。

"自利利他逻辑模型"下的企业，不仅仅是资方追逐利益最大化，劳方也在追求自己的利益最大化。双方无时无刻不在博弈。博弈→斗争→妥协→平衡，再博弈→再斗争→再妥协→再平衡……无穷无尽，循环往复。劳资双方的利益目标始终是对立的。这种逻辑模型下，双方绝对不可能有共同目标，不可能形成合力，不可能为了共同的目标而奋斗。企业管理者是为了赚取更多利润，员工工资只被看作企业成本。对于绝大多数的员工而言，总是处于被动地位，必须得服从企业管理者意志，否则就被

裁员辞退。但对于少数身怀绝技的员工而言,有了叫板的资本,为了追求个人利益的最大化,就会待价而沽。总之,在这种思维模型下,各种关系都被割裂,不利于企业竞争力的提升。

一旦"自利利他逻辑模型"被确立,并经过长期逐渐稳固,形成既成的存在结构,那么逻辑模型内在的规定性就必然促使企业按照特定的路线运行。利己主义模型必然建构利己主义机制,必然导致周而复始的劳资对抗。利己型企业文化之下,不可能形成齐心协力的同向力,企业内的人际关系不可能和谐稳定。

"自利利他逻辑模型"实际上让企业陷入逻辑悖论——按照这种理念,企业劳资双方为了自身利益最大化,导致双方发生博弈和争斗。在博弈和争斗的过程中,双方无所不用其极,不惜运用极具破坏力的短期手段和行为,必然破坏企业的整体实力和利益,付出损害企业整体利益的巨大代价,这就无可避免会损害双方利益。所以说,这种模型实际上存在显见的逻辑悖论。

第 11 章 利他思维：回报后置的智慧

传统企业（行业）利他行为分析

可以说，所有的商业模式，所有的企业行为，都可以从利他思维的角度是构建。传统企业的利他行为有很多，诸如先体验，后买单；先试用，后付钱；促销和折扣等，这些举措都属于利他行为。但明显看得出来，这样的利他行为的背后仍然是浓浓的利己思维。之所以这么做，真实目的是为了促销，为了从消费者那里赚取更多的利润。

表面上是利他，骨子里是利己。所以他们对这样的在他们看来是利他的行为赋予了更高的期望值，试图四两拨千斤。在这样的唱戏心态下，他们总是极其计较为此付出的成本，只想付出一点而收获一片。故此这样的利他行为注定不会持久，一旦感觉得不偿失，或者感觉已经回本，就会停止。他们不会顾虑消费者的真实感受。

传统企业如何放弃演戏心态而真正利他思维？这是一个必须要研究的问题。

一是真正提高产品质量，无论以什么价格成交，都要为消费者提供好用的产品。有了这样的心态，也就有了为消费者负责的责任心。以优良的产品为消费者提供价值，这是传统企业利他思维最为基本的起步式。以次充好糊弄消费者，一切无从谈起。由于传统型企业用于营销的成本过高，比如要花钱打广告，要投入资金人力打通营销渠道，产品价格中，只有一部分是真实的产品质量价值。网络直销之后，节省了广告费用和渠道费用，省下来的这部分钱要用之于提高产品质量上。

二是为消费者提供优质的卖售服务及售后服务。传统型企业的竞争力有限，利他成本较高，这是事实。面对这样的现实压迫，就要积极想办法，利用网络平台和信息新技术等手段在降低利他成本的情况下，为消费者提供更加舒适便利的服务。在产品质量和价格没有竞争优势的情况下，提升成交过程以及其后的服务质量。不说商品质量如何，起码能让消费者买得开心，用得放心，这也是消费者的真实需求。

三是增加商品的附加价值。许多商家为了争夺消费者，为了抢夺市场，大打价格战、补贴战。近些年来，这种情形司空见惯。这不是真正的利他思维，而是利己主义行为。一旦价格战打不下去，利他行为即刻终止。真诚的利他思维要关注消费者的消费价值,要让消费者真正感觉到买得值。同质化竞争极其严重的情况下,不要瞄着消费者"爱占便宜"的心理策划营销方案,而要把脑筋动在如何增加产品的价值和附加价值上,能让消费者真正得到实惠,真正增加消费者的购买价值。这样的利他思维才能转化为消费者的满意度,提升点赞率和推荐指数。卖家在利用网络渠道降低了营销费用之后,不要把利润全部揣入怀中,而要舍得投入产品的研发改造和性能提升上。

四是让利于合伙人及产品的上、下游。有利于消费者是利他思维,有利于产品上、下游伙伴也是利他思维。不同商业模式中,合作者可以是有某种经验或技能的 C 端,也可以是与公司建立长期合作关系的 B 端。平台为入驻商家提供完善的各项服务,使商家感受到了实实在在的获得感。商家满意了,平台也由此受益。当平台为消费者提供简单易懂的路径,即便文化程度很低的人也会操作,这就是典型的利他思维。消费者满意了,最终收益的还是商家和平台。度人度己,利他利己。

思维的力量
——财富是思维能力的产物

利他不排斥利己,只是回报后置而已

两个猴子去偷桃子,一个负责摘桃,一个负责放哨。这样才能安全偷到桃子,才能保证不会被抓。如果单枪匹马行动,就算偷到了桃子,也有可能会被抓住。为了共同利益,两只猴子之间形成一种利他的合作模式。一些人的思维还不如猴子,表现出不顾及后果的极端利己主义。

有一位销售员,几乎每个月他的业绩都是第一。人问他诀窍,他回答:"利他。"熟悉他的人都知道,他之所以比别人业绩好,就是因为他不是利己主义者,不会唯利是图。跟客户沟通,不会讲自己的产品有多好,而是真诚为客户着想,帮客户分析这个产品能够给客户带来什么价值,帮客户提出解决方案。即便客户放弃购买他的产品,他还会真诚地为客户介绍其他卖家。自己的渠道从来都不藏着掖着,而是很开放,只要能帮到人则会毫无保留地帮助。久而久之,他的为人处世赢得接触过的人的信任和赞许。开始可能看不出什么,但慢慢地就能看出利他思维的优厚回报。

稻盛和夫说,"利己则生,利他则久","利他本来就是经商的原点","求利之心是人从事各种活动的原动力。想赚钱,无可厚非。但欲望不可停留在单纯利己的层面上,也要考虑别人,要把私欲提升到追求公益的大欲层次上。这种利他精神最终仍会惠及自己,扩大自己的利益"。利己者虽然也能取得一时成功,但由于利己者凡事只考虑自己的得失,因此很容易掉入陷阱或陷入迷雾中,看不清前方的路。如果从利他的角度看问题,思路则会变得清晰。利他者走得很远,会取得更大的成功。

稻盛和夫认为,企业领导者需要具备五项资质:一是有使命感;二是要有明确的目标并努力去实现目标;三是敢于挑战新事物;四是获得信任和尊敬;五是有关爱之心。在这五项资质中,有使命感、获得信任和尊敬和有关爱之心都与利他息息相关。总而言之,企业领导者需要具备利他精神,要运用利他思维思考问题。

利他思维不是拒绝回报,只是回报后置而已。

利他思维：优秀商业模式的共性

商业模式的重要性自不必多言。有投资人直言："研究一家公司，最重要的变量无非是三个：诚信、商业模式和执行力。"在这三大变量中，诚信和执行力不易判断，只有商业模式则比较具体而清晰可见。有人或许认为，对于公司而言，老板最重要。这种说法不能说没有道理，老板自然很重要，但再重要，也不过是赛马场上的骑师。要想赢得胜利，马无疑更重要，因为真正奔跑的是马而不是骑师。商业模式就是赛马场上的马。

真正成功的商业模式独一无二，别人看得懂，但很难模仿。成功的商业模式都有一个共性特征，那就是都具有一个内核——利他思维。

2018年，亚马逊的营业收入高达2320亿美元，4倍于阿里巴巴（530亿美元），但两家公司的净利润相差不大，分别是101

第 11 章 利他思维：回报后置的智慧

亿美元和 92 亿美元。FBA（基础服务）和 AWS（云计算）贡献了亚马逊绝大部分的利润，这些跟电商卖货已关系不大。阿里巴巴的利润来源主要是电商平台的销售额提点（跟入驻商家的销售分成）、流量导入（类似广告收费）。

都是电商网站，亚马逊与阿里巴巴在商业模式虽然不一样，但都有一个共性特征——利他思维。这里，讲讲亚马逊商业模式中的利他思维。

比如 FBA 业务，亚马逊拓展电商卖货业务 20 年，搭建了遍布全球的储货送货系统，任何公司——不管是 IBM、惠普、戴尔还是中小企业、微型创业公司，只要想在网上卖东西，一台大型冷柜或一卷卫生纸，只要接上亚马逊 FBA 平台，都可以直接送达客户。FBA 业务其实就是亚马逊将自己二十几年来构建的储货送货系统标准化、模块化、服务化，完全开放，从利己到利他，服务于所有用户。那么，美国超过 2000 万需要卖货送货的各类企业都可以成为亚马逊的客户，享受高效的送货系统。再比如 AWS 云服务，就像你要用水，不用自己打井，只需安装几个水龙头；你要用电，不用自己买发电机，只需几个插座插头接上就能通电。大概 2003 年，亚马逊因为电商业务增长太快，公司原有的服务器资源不够用了。用户从选货到下单付钱，系统越来越迟钝，用户体验开始变差。内部团队想要做一个新项目，都要向技术中心申请资源。这样，整个公司的运转效率下滑严重，像

被绑住手脚,公司上下怨声载道,用户也特别不爽。贝佐斯就在想,是否可以搭建一个"能力不受限制"的服务器系统,不仅自己人可以随便用,也能对外开放,服务各类企业用户。基于这一想法,亚马逊费了很大力气开发了一套 AWS 云服务系统,而且从利己到利他,任何公司只要想在网上开展业务,都可以借助亚马逊的 AWS 云服务来实现,而不用自己承受昂贵代价建服务器系统。时至今日,贝佐斯基于广泛的"利他逻辑"将亚马逊变成了一个"插座型"公司,企业用户接上亚马逊的各个服务平台,就能解决很多问题,便宜而且高效。亚马逊究竟是零售公司、技术公司,还是数据公司?亚马逊更像是一家电子商务时代的基础设施公司,只要有销售行为,它就可以凭借自己卓越的客户体验无所不在。

亚马逊成为万亿美元市值的电商巨人,根本动力是"自我强化的良性循环"。亚马逊是全球最大的电商网站,所以更掌握"用户生态",清楚地知道用户需要什么。原本亚马逊技术远不如微软和 Google,可是亚马逊竟能在 AI 产品上领先主要竞争对手。人工智能的竞争更重要的是把握正确的应用场景和生态系统,亚马逊找对了场景,找对了设备。早期的 AI 产品,只有亚马逊推出的 Echo(智能音箱)成功突围,一年卖 8000 万台。为什么将 AI 系统置于音箱上可以获得商业成功?微软和 Google 都犯了同样的错误,将重点放在手机和 PC 上。比如微软把 Cortana

第 11 章 利他思维：回报后置的智慧

（微软小娜）直接嵌入手机。因为 AI 技术的最佳商业化方式，是打造生态系统，你对亚马逊推出的 Echo（智能音箱）嘴巴一张，亚马逊网站上所有品牌和产品立刻对接你的生活方式。而手机和 PC 对应的是手指，不是嘴。亚马逊透过多个不同方式创造跟你打交道的机会，比如你可能同时是 kindle、Echo 甚至 FBA 的用户，于是亚马逊就能从几个角度揣摩研究你，时间久了，就会比你自己还了解你。

为什么阿里巴巴旗下有那么多的应用，除了淘宝、天猫、芝麻信用和支付宝，更是将优酷网（视频）、饿了么（外卖）、闲鱼（二手回收）、盒马鲜生（生鲜）、钉钉（办公）等很多很多应用纳入一个生态体系？因为这样阿里巴巴就能全方位、多角度了解用户，得到读人和服务人无与伦比的基础能力。这同样是亚马逊的核心优势所在。亚马逊透过很多应用场景和设备（比如 Echo、kindle）接触用户，深入了解用户，也就越能找到对的应用场景和设备，越能给创新技术找准商业化的出口，这是一个自我强化的良性循环。

真正做到利他，就要真正读懂用户，不断增加与用户打交道的机会，增加了解和揣摩用户的角度和机会。这样做的最大好处就是建立自我强化的良性循环——给创新找准商业化的出口。

第 12 章

仿生思维：打开另一扇窗户

人类很早就开始受到动物植物的启发，搞研究发明。看到鸟儿在天空中飞翔，发明了飞机。研究蝙蝠之后，人类发明了声呐。企业管理同样也可以受到动植物的种种启发，从仿生学角度思考管理问题。很少看到企业管理仿生学这样的提法，说明目前人们还没有关注到这一点，未受到重视。希望企业管理仿生思维越来越受到管理者和研究者的重视，若有人有兴趣做一些专门的研究，应该是十分有意义的事情。

思维的力量
——财富是思维能力的产物

仿生学才刚起步，仿生思维古已有之

人类早就有了仿生思维，模仿植物的形状、结构和功能，模仿动物的动作和行为。早在2 000多年前的春秋时代，鲁班就学会了仿生思维，发明了锯子。他的手被树叶割破，他观察到树叶边缘整齐排列着牙齿一样的东西，受到启发后，发明了流传至今的锯子。现代仿生学不仅模仿动植物的形状结构制作工具物品，还研究它们的行为特征，给人类的思维予以有益的启迪。仿生是创造性思维的重要方法，而且越来越被重视。

经过研究，蝙蝠从喉头发射声波，声波遇到障碍物后反射回来，蝙蝠接收到反射波，及时准确地避开，这就是蝙蝠在黑夜中仍然能够飞行自如的原理。发现这一原理后，人类据此发明了声呐雷达，依据发射与接收声波的时间差来推算距离，同时确定方

第12章 仿生思维：打开另一扇窗户

向。如今各种类型的雷达已经被广泛运用，在科学实验、经济发展和国防军事领域发挥着重要作用。模仿蝙蝠的特异功能，为盲人研发声呐眼睛。

距今三四百年前，欧洲就有了最早的潜艇。一百多年前的美国南北战争期间，潜艇首次运用于军事。早起的潜艇速度非常慢，人们想了很多办法，速度都难以提升。人们受到游速很快的海豚，受到启发。不但模仿海豚的体形，还研究发现海豚独特的皮肤结构，于是研究出类似于海豚皮肤的潜艇外壳。至此，潜艇航速得到极大提高。

狗的嗅觉极其灵敏，据说比人类的嗅觉灵敏100万倍，能分辨百万种不同气味。经过仿生研究，人类发明了利用嗅觉灵敏的电子鼻和电子警犬。

模拟响尾蛇的热定位原理，发明了响尾蛇导弹。

模拟昆虫的楫翅，发明了陀螺仪。

蜻蜓的每片翅膀前缘的上方都有一块漂亮的角质加厚部分，生物学上叫翅痣或翼眼，这就是蜻蜓用来克服飞行时产生振颤的装置，它起着飞行平稳的作用。如果我们把这块黑痣切除后再放飞，就会看到它飞得荡来荡去，没有原先那样平稳了。人们发现蜻蜓的这个秘密以后，就把它用到飞机上，在飞机两翼末端的前缘制成翅痣样的平衡棒，能保持飞机在飞行中的平衡。

思维的力量
——财富是思维能力的产物

科学家通过研究，仿照水母的听觉系统，发明了水母耳风暴预测仪，把这种仪器安装在舰船的前甲板上，当接收到风暴的次声波时，可令旋转360度的喇叭自行停止旋转，所指的方向，就是风暴前进的方向；指示器上的读数即可告知风暴的强度。这种预测仪能提前15小时对风暴做出预报，对航海和渔业的安全都有重要意义。

建筑师在建筑结构方面也运用仿生学思维。他们从一滴水珠和一个蛋壳中受到启发，发现抛物线形曲面的张力，发现它们薄壁高强的抗力性能。他们从树叶的叶脉构型中，发现了交叉网状机构的支撑机制。这些仿生思维激发了建筑师的建筑设计创新。

自然界的植物和动物极其复杂，隐藏着无数的奥秘，随着仿生学的不断成熟，相信会有越来越多的模拟发明，造福于人类。人类在很早的古代就已经有了仿生思维，但仿生学作为一种科学，才是最近几十年的事。直到20世纪60年代，才有了仿生科学。仿生学是一门交叉的边缘学科，尤其独特性。仿生思维方法有其自身的特征，认识和掌握这些特征，便可以更加自觉和有效地运用它。

边缘学科——企业管理仿生学

企业管理仿生学研究并模仿生物原理并运用于企业结构改造、运行机制调整及功能创新，使企业更好地生存和更健康地发展。企业管理仿生学应该是仿生学与管理学的交集，是跨界思维或嫁接思维下的边缘交叉学科，是从生物学的视角分析企业管理问题。不仅研究生物特性，还要研究除此之外的一切自然现象，发现隐藏其中的奥妙，通过模拟、延展、生发等方式方法嫁接于企业管理中，激发出管理新思维，提高企业运营效率。

企业管理仿生学整合企业管理学与生物学的理论及实践资源，产生新的嫁接理论，推动企业管理实践活动。老子说"道法自然"，面对隐藏无穷奥妙的大自然，我们不该空有怀想与感念，而要探索其中的机制，为我所用。探索自然界各类生命现象的规律，改进提升企业管理思想，为企业管理打开另一扇窗户。

最近一二十年以来,人们逐渐意识到仿生学的研究方法及其研究成果完全可以运用于企业管理中来。大自然的生命系统中蕴藏着不可预测的管理理念的精髓。企业管理仿生学通过剖析生物界一切对企业管理学有启发意义的现象,揭示其生存机制及与环境的共生共进关系。2004年,时任中国科学院院长路甬祥在《科学中国人》第4期上发表题为《仿生学的意义与发展》的研讨文章,提出了现代仿生学的四大前沿领域。网格化、智能化是如今信息技术发展的方向,神经发育生物学也取得很大进展,认识仿生学、经济可持续发展仿生学、企业管理仿生学将成为仿生学研究的重点领域。期待越来越多有志于研究企业管理仿生学的人参与进来,为21世纪中国企业的腾飞作贡献。

企业管理仿生学研究的领域包括生物的个体行为、群体行为、仿生实现法则、各种现象效应等。研究生物个体或群体的生存特征,以及个体、群体与环境的共存共进关系,揭示其个体行为结构和群体行为特性。发现其互动、激励、竞争、调适等客观规律,提炼具有管理学意义的认知与理解,找到与企业管理的嫁接点,通过某种思路移植于企业管理中。要使仿生理论可信可靠有效有用,依据必须科学,研究路径必须规范。

科学规范主要指下面四个方面。

一是规范研究视角与内容

企业管理仿生学以企业管理学为"主体"、众多相关学科理论为"应用"、生物仿生学为"镜鉴",分清各种学科的主次关系及各种理论的价值排位。如此规范之后,研究的方向和内容就十分明晰,注意力分配就纯粹高效。

二是规范研究途径和形式

企业管理理论研究主要采取总结和演绎的方法,而仿生学研究则主要采取考察和归纳的方法。研究思路不同,研究方法也不一样。企业管理仿生学需要整合两者的研究成果,戒牵强附会和毫无根据的臆想,要强调二者之间的逻辑关联性。没有公理的支撑,强拉硬扯搭建起来的所谓仿生学理论是没有说服力的。

三是规范研究工具和手段

企业管理仿生学=自然科学+人文科学。自然科学的研究工具和手段与人文科学完全不同,作为自然科学与人文科学交融的企业管理仿生学,其研究工具和手段需要整合,仪器测量、数据统计、量表说明、逻辑推理、总结归纳、分析判断……这些工具都要运用。目的就是理论的严谨科学,禁得起时间和实践的检验。与此同时,根据企业管理仿生学的学科特点,开发新的工具,研创新的手段。

四是规范研究校验和评判

企业管理仿生学可以说是一门尚未正式起步的新兴学科,白

纸一张。建立一套对研究各个环节的校检流程及评判标准极其重要，也是必不可少的一项工作。研究规划、执行过程以及各种评估中，要科学规范。规划要合理，评估要科学。

第 12 章 仿生思维：打开另一扇窗户

蜜蜂型思维与苍蝇型思维

有人曾经做过一个有趣的实验：桌上放一只瓶子，瓶底朝向光亮的方向，瓶口敞开。放几只蜜蜂进去，只见它们一次次冲着瓶底撞击，试图脱离困境。经过无数次的努力，它们精疲力竭，木然地在瓶底徘徊。接下来，放几只苍蝇进去。开始的时候，与蜜蜂一样，苍蝇也是试图冲向瓶底寻找出路。努力无果后，它们的节奏慢下来了，在瓶子四周到处寻找，最后发现了敞开的瓶口。没多长时间，所有苍蝇都从敞开的瓶口顺利脱逃。

对这个小实验，解读的角度很多。仁者见仁，智者见智。可以肯定的是蜜蜂和苍蝇肯定没有思维能力，有的仅仅是求生的本能及物种的基因特性。所以，假如从智力角度分析就显得牵强附会。前面讲过企业管理仿生学要科学规范，当然，允许探索研究的思路、形式、路径、工具等。构建企业管理仿生学理论体系需

思维的力量
——财富是思维能力的产物

要各种探索。

假如将光明视作企业的战略目标或者发展愿景,那么这个小实验告诉企业老板,在现实与目标这"两点之间"并非"直线最短"。走直线有可能会遇到难以逾越的阻碍,目标不能变,但实现目标的路径则有很多,要依据客观情况灵活调整。首先,遇到阻碍的时候,要做到不气馁,不焦躁,静下心来想办法。不要像蜜蜂那样盲动,盲动只会消耗宝贵的能量,没有任何好处。其次,不要像蜜蜂那样"坚持不懈"和"执着",而要像苍蝇那样四处寻求其他的出口。最后,刚柔相济,进退得法,不要计较一时一事的得失,为了前进的后退是某些特殊情形下最好的策略。像苍蝇那样退回瓶口,再回身飞向光明。

假如蜜蜂和苍蝇手中有电钻,那么问题就很好解决,打穿瓶底就能顺利脱逃。它们之所以面对瓶底无可奈何,就是因为它们没有电钻。对于企业、老板、员工而言,这个电钻就是战胜前进路上"拦路虎"的武器。这个武器可以是知识技能,也可以是某些资源。要想一路顺风,不能靠期盼而要靠本事。有本事,逢山才有能力开路,遇水才有工具搭桥。本事不足智慧补,思想力也是战斗力。蜜蜂找不到出路,而苍蝇则成功突围了。

"性格决定命运,习惯影响成败。""坚持不懈""坚定不移""屡败屡战""做事执着"……这些形容词并不是绝对的褒义词,这些蜜蜂都做到了,但却找不到出路。苍蝇碰壁之后,迅速妥协了，但它最终却成功了。企业老板要多用灵活机变的"苍蝇型"员工，少用那些看起来似乎一身"优点"的"蜜蜂型"员工。同样的道理，企业老板要向苍蝇学习，不要像蜜蜂那样固执己见，缺乏灵活性，一条道走到黑。

①蜜蜂型思维。固执己见，钻牛角尖，一根筋，倔强，固执，因循守旧，不愿做新尝试，按部就班，不善创新。一条道走到黑，撞了南墙也不回头。这种思维的人不适合做挑战性、开拓性、创新性的工作。适合做需要责任心、耐心、忍耐力的工作。

②苍蝇型思维。此路不通，另辟蹊径。头脑灵活，不保守。敢想敢创敢干，不受条条框框束缚。思路对了头，一步一层楼。这样的员工适合做研发工作，也适合做营销。

雁阵效应：企业管理启示录

天空中飞翔的大雁队形最常见的有两种，一是"人"字形，二是"丶"形。人常说，群雁高飞头雁领。它们在飞行的过程中，头雁飞在最前面，其他大雁排着队紧随其后。生物专家的解释是这种队形飞得最快也最省力。据说，这种队形集体飞行，要比大雁单飞多飞70%的路程。企业管理专家将此称为"雁阵效应"。"雁阵效应"常用来揭示团队的力量以及企业内部的组织关系和组织行为，揭示局部与全局的协调、个人与集体的配合关系。

启示1：目标一致，愿景相同

大雁队形最早是怎么形成的，无从考究。既不遮挡视线，又相互借力，有头雁带领，不会迷失方向，真的是一支有明确目标、有组织、有纪律的高效团队。之所以井然有序，最根本的一点就是它们的目标一致性。目标一致，其他一切就会自觉达成共识，行动就会保持高度的和谐统一。由头雁带领着，团队所有成员都飞向同一个方向，飞向相同的目的地。至于谁前谁后谁左谁右等这些细枝末节的问题没谁会计较。据说，头雁也并不是一只，而是有好多只，在带飞的过程中，它们会适时相互替换。因为老是飞在最前面很消耗体力。于是它们的最高领导集团内部会替换带飞，轮换休息。飞行队伍中偶尔有大雁脱队，它也会及时赶上来，回到团队中。

企业就是一支团队，团队目标是凝聚人心的根本因素。所有人的目标都一致，那么大家就会自觉地齐心协力朝同一个方向前进。如果各有各的目标，就会四分五裂，无法形成强有力的合力。有智慧的企业老板一定要首先确定共同的奋斗目标，企业的目标、老板的目标与各级员工的目标要一致，这样才能打造强大的合力。许多企业，企业的目标与老板的目标是一致的。但这一目标却不是员工的目标，他们都是雇佣制员工，他们的目标是每个月能顺顺利利拿到工资。目标不一致，就无法激发员工的工作激情和自觉性主动性，就会消极怠工。

目标一致性是团队战力的基石。如何使团队目标、老板目标与员工目标一致，这是团队领导必须要考虑的大问题。有的公司虽然有明确目标，但这个目标仅仅是老板的目标，而不是员工的目标。也有的公司压根就没有明确的目标，老板自己都不知道在朝哪里走，员工们就更不知道了。目标与公司愿景是紧密相连的，打造公司愿景，使公司愿景成为每一位员工的个人愿景，以共同愿景激励团队所有成员，这是聪明老板必须要做的事情。想象大雁南来北往的整齐的队形，就会明白其中的道理。

启示 2：精神支柱，行动轴心

大雁高飞头雁领，头雁的价值和作用无与伦比。头雁是方向，头雁是力量，头雁是团队的精神支柱和行动的轴心。企业老板是整个大团队的中心，大团队下面有若干小团队，小团队领导也是小中心。团队战斗力强不强，主要领导是关键。企业老板自身一定要强，同时要配强小团队的领头人。一些企业为什么越做越大，就是因为有一个很厉害的精神支柱和行动轴心。

启示 3：角色定位，分工协作

雁阵中，分工比较简单，除了领飞的头雁，其他都是跟飞。即便再简单，角色也必须十分清楚。假如很多大雁都要争着做头雁，相互打起来，那就乱套了。头雁只能是那些有经验有能力的大雁，头雁不仅是荣誉和权威，更是责任。

企业是个小舞台，要想把整台戏演好，每个人必须要有明确的舞台定位和戏份定位，各自都明白自己的角色，要有强烈的角色意识，要唱好自己的戏，而不要搅和别人的戏，各守其位，各司其职。公司要订立明确的岗位职责，每个人要严格践行既定的岗位职责。每个人把分内事做好了，那么整个团队的事情自然也就做好了。讲分工，也要讲团结协作。大事讲分工，小事要协作，井水不犯河水的心态要不得。内部各部门之间的工作衔接要顺畅，不要斤斤计较。要讲风格，要有高姿态，该帮忙时就帮忙，该谅解时就谅解。尺有所短，寸有所长。要把有特长的人放到特长的岗位上，不要赶鸭子上架。

启示4：相互激励，凝聚人心

大雁在南往北飞形成雁阵之前，并不是一下就把队伍拉起来了，而是有一个酝酿和鼓动的准备阶段。先由一个或几个大雁发出倡议："我们该动身了！"一边宣传鼓动，一边盘旋试飞。逐渐有了跟随者，一只，两只，三只……响应者越来越多，队伍越来越庞大，雁阵就形成了。头雁一声令下，带头高飞，这一波雁阵就此离开驻地，踏上了征程。没有赶上这一波儿的大雁，就只好等待下一波儿了。

企业在大大小小的决策之后，老板要筹划组建项目团队，要花点心思凝聚团队人心。不要着急仓促上马，上马之前要做足预备工作，要顺势而为。形成团队的过程，凝聚人心的过程，也是相互激励达成共识的过程。大雁每年南来北往都要团队飞行，而不是单独飞行或者三三两两飞行？因为团队一起行动，大雁更有安全感，有利于防御外敌，团队内部相互帮助和激励，会爆发巨大的集体能量。

羊群效应：趋利避害，为我所用

企业管理学常常将羊群效应定义为人们的非理性的从众性，常用来描述企业、个人、商场、市场的跟风心理或现象。进而指出从众心理比如导致盲目性，盲从的结果往往会陷入困境。不过，别人这么讲羊群效应，我们可以不这样讲。在认识羊群效应这个问题上，我们不应该羊群效应。我们可以从其他角度来看待羊群效应，会得到更多启示。

一群羊是一个很散乱的组织，盲目行动，没有章法。不过，一旦这群散乱的羊有了领头羊，那么情况就改变了，它们就会跟随头羊一起行动，行动有了一致性。这时候，领头羊走到哪，羊群就跟随到哪。这让我们想到企业的治理制度，各说各的，各行其是，必然导致一盘散沙的结局。任何一个组织，必须要有一个权威个人或者权威管理层，领导团队共同行动。

羊群效应通常不会出现在冷门场景，而是会出现在热门领域。一旦在这个领域出现了一个领先者，就会立即吸引人们的注意力，众人就会蜂拥而上。给我们的启示是，既要预防这种现象，又要利用这个现象。比如，在营销策划中就可以利用羊群效应，广告宣传策略要有轰动性，产生羊群效应。还比如，发现"蓝海"之后，别人必然会一拥而上跟风跟进，要提前拟订适时撤退的计划，等众人都涌入的时候，没有利润空间的时候，提前离场。许多东西都是"双刃剑"，两点论看问题，始终立于不败之地。

懒蚂蚁效应:"看上去很懒"而已

日本北海道大学进化生物研究小组对黑蚁群的活动进行实验观察。发现大部分蚂蚁都很勤快,四处寻找食物,忙来忙去地搬运食物。也有少数蚂蚁很懒散,无所事事,东张张西望望,得过且过的样子。实验者对这些懒蚂蚁做了标记之后,将蚁群的食物转移了地方,看看会发生什么。结果很有趣,那些勤快蚂蚁变得不知所措,左顾右盼,而这时候那些懒蚂蚁出动了,它们带领蚁群很快就寻找到了新的食物源。勤快蚂蚁与懒蚂蚁的注意力不在同一维度上,不在同一个焦点上。懒蚂蚁的行动看起来懒散,其实它的心眼并没有偷懒,它的观察范围更广,心思用在其他方向上了。

懒蚂蚁效应给企业管理者很多启示。人们的个性特点、兴趣喜欢、能力才干、思想观念等都不同,管理者要用人所长,将合适的人安排到合适的岗位上。另外,企业管理者要有宽阔的胸怀,要有包容心,容得下各种各样的人和事。水至清则无鱼,人至察则无徒。至纯的团队不一定有战斗力,不同的人相互激荡反而更有利于团队进步。

团队肯定需要勤快的员工,但也需要手脚虽懒散但心眼很勤快的人,他们更善于思考观察,能及时发现问题,能灵敏地感知到市场变化。老板既要用努力勤奋的"勤快蚂蚁",也要重视和善待手脚懒散而心眼多更有大局观的"懒蚂蚁"。他们的特点不一样,对企业的价值不同,只要用得其所,都能为企业做贡献。

"勤快蚂蚁"只管低头干活,不会抬头看路。优点是任劳任怨,踏实认真,不打折扣地完成交代的任务。缺点是人云亦云,没有主见,墨守成规,老一套。"懒蚂蚁"的优点是善于观察,善于发现问题,能提出建设性建议,知道弊端在哪里,能敏锐地发现机会,会动脑筋,擅长于创新思维,思路更开阔,点子多,灵活敏捷。缺点是定力不足,执行力弱,不刻苦努力,忠诚度低。当然,这些特点不是绝对的,是相对而言的。

二者的区别是,一个是体力型员工,另一个是脑力型员工。体力型员工执行力强,不打折扣,不推诿扯皮。脑力型员工是智囊型人才,擅长于出谋划策,更适合做管理者。各有特点,无所谓优劣。让这两种类型的人搭配干活,优势优化组合,就能起到一加一大于二的效果。既有动手能力强的勤快者,又有会动脑筋的聪明人,将这两种类型的人组合到一起,就会增强团队力量,爆发强大的战斗力。发明大王爱迪生说:"天才就是百分之一的灵感加上百分之九十九的汗水。"天才团队就是 1% 的"懒蚂蚁"加上 99% 的"勤快蚂蚁"。一方以另一方的存在为价值,缺了哪一类型的人,都将影响团队实力。

"懒蚂蚁"们的懒其实仅仅是表面观感,是"看起来懒"而已,其实他们的脑子始终都很勤快,一刻也不闲着。如今不是拼体力的时代,而是拼脑力的时代。靠出卖体力赚不到大钱,成不了大气候。只有拼脑筋,才有大前途。

美国"钻石大王"查尔斯·刘易斯·蒂梵尼当初是一个磨坊主的儿子。他就是靠着拼脑筋才一步步由穷小子变成了大富豪。那一年,美国穿越大西洋底的一根电报电缆因破损需要更换——这条消息许多人都看到了。在别人看来不过就是一条消息而已,而蒂梵尼则嗅到了钱的味道。他立即行动,联系买下了这根报废的电缆。之后,他把这根报废电缆加工制作成了一间精美绝伦的艺术品,经过宣传包装,渲染"大西洋底"的概念,艺术品转身就成了特殊意义的纪念品。低价买入的报废电缆,被他操作成天价纪念品售出,他大赚一笔。后来他又购入欧仁皇后的一枚钻石。别人以为他会在适当的时机高价售出,赚一点差价。他没有这样做,而是以此为噱头办起了首饰展览会。人们为了一睹皇后钻石,蜂拥而至。蒂梵尼坐享其成,大赚一笔,而钻石依然是自己的。他就是"懒蚂蚁思维"的人。靠着这种思维,他一次又一次地积累财富,最终成为大富豪。

假如较力,"勤快蚂蚁"永远干不过"懒蚂蚁"。反而言之,假如没有"勤快蚂蚁","懒蚂蚁"也是无源之水、无本之木。世间万事万物总是相辅相成的,只要存在,就有价值。对企业而言,事务型的老板属于"勤快蚂蚁"型领导,而战略型老板则属于"懒蚂蚁"型的领导者。"懒蚂蚁"型领导更适应眼前这个时代,企业更有发展性。战略型领导有大局观,懂抓大放小的道理,懂好钢用在刀刃上的道理,把自己的时间精力用在企业的战略规划上,不会消耗在细枝末节的琐事上。正所谓,君闲臣忙国必兴,君忙臣闲国必衰。中低层员工需要的是"勤快蚂蚁"精神,靠勤快立足。一旦干到高层,则更需要"懒蚂蚁"精神,要靠会动脑筋立足。

思维的力量
——财富是思维能力的产物

一山不容二虎,另立山头

零下 30 多摄氏度。东北森林。野猪飞奔,东北虎紧追其后。一个在逃命,一个在掠食。追逐间,溅起团团雪雾。野猪这回很幸运,侥幸逃脱。东北虎无功而返,悻悻然。东北虎独来独往,万兽之王。无论体型还是爆发力,其他动物都望尘莫及。老虎处于食物链顶端,高高在上。

占山者为王,企业抢先占道是很重要的商战谋略。这个"道"指各种资源,人力资源如高端人才争夺、普通劳动力供应等,市场资源如销售渠道、消费者群体、销售终端、地域性市场等,生产资料资源如各科生产原料等。总而言之,占有资源的能力等于商战战力。能不能够抢占到要"道",一凭实力,二凭机遇。有战略头脑的企业领导一定会动脑筋先抢占地盘,而后网罗地盘上的各种资源。

第12章 仿生思维：打开另一扇窗户

人常说，一山不容二虎。老虎地盘的大小取决于那里所有可食的猎物的数量。例如，在印度一些地方，有很丰富的猎物，一只雄虎仅需8平方英里到60平方英里的地盘；在苏门答腊，由于那里只有较少猎物，一只雄虎可能需要近150平方英里的地盘；而在西伯利亚，那儿的猎物数量极少，一只雄虎的地盘需有400平方英里之大。为确保地盘，老虎会不停地在领域中巡逻，留下尿液或粪便作为标记，或在树干上磨蹭以留下体腺的味道，或留下爪痕……这些都是为了宣示这是我的地盘。越是强势的个体，标记做得越多。别的老虎来到这里，闻到或看到这些标记，都会尽量避开，以免正面冲突。

既然一山容不得二虎，那么另立山头便是老虎生存的常规策略。除非万不得已，一般不会发生打斗，因为打斗起来，不是你死就是我亡。假如确实认为强大到天下无敌，能确保胜利，丛林法则之下，公然掠夺别人的领地亦属正常。动物遵循的是丛林法则，蛮荒时代的人类也遵循丛林法则。但是人类进入文明社会之后，虽然个别时候也是丛林法则，但大多时候则要遵循大家公推的规则。商业竞争也是如此，不能按照丛林法则争斗，而要遵守特定的商业竞争规则，违规就要受到惩罚。

企业竞争中的另立山头思维可以认为是走差异化发展的道路，避开别人的优势，另辟蹊径，走自己的路，在相对冷门的行业或行业内相对冷门的某个领域创建规则。21世纪初，张瑞敏

思维的力量
——财富是思维能力的产物

瞄准小型冰箱市场撬开了美国家电市场的大门。

另立山头的要义其实就是在新开辟的商业疆土上建立新规则,抢占市场先机。企业要成功,就要善于建立新规则——这是"联想"董事长杨元庆的信条。1997年,联想推出定位为"第一款家电型电脑"的"天琴"。1999年,联想推出定位为"网络电脑"的"天禧"。另立山头的策略立竿见影,联想PC出货量从10万台猛增到120万台。

老虎抢占地盘的大小取决于那儿所有可食的猎物数量。对公司而言,不能用利润、收入等短期收益进行评估。成功的竞争战略不是看创造了多少收入,而是看所创立的规则能否让你在市场上"占山为王"。